Armure Du Christ – Préparation Et Engagement Dans Le Combat Spirituel

Rogerio Cietto

Published by Rogerio Cietto, 2022.

ARMURE DU CHRIST – Préparation et engagement dans le combat spirituel

Publié par Rogerio Paiva Cietto à Smashwords

TABLE DE MATIÉRES

AVANT PROPOS – MEMENTO MORI

Si vous portez ou avez déjà porté un uniforme, vous avez probablement croisé la célèbre collègue de tous les métiers à risque : la Madame Mort. Elle est présente à tous, et malgré tous les efforts des scientifiques et des philosophes pour éviter cette rencontre fatale, la vérité est qu'elle continue d'exercer son métier, inlassablement.

Dans de nombreuses activités à risque, la Mort accompagne le quotidien de ce professionnel : travaux avec l'électricité, en hauteur, avec des matériaux inflammables, plongée, entre autres. Cependant, dans la profession militaire, nous avons la responsabilité de provoquer volontairement la mort d'une personne, dans des hypothèses juridiques que nous pouvons résumer ici comme la légitime défense (en temps de paix) et la guerre juste (en état de belligérance).

Remarque : si la personne a agi ainsi pour défendre sa propre vie ou celle d'un tiers (légitime défense), ou si des militaires (y compris des partisans, des entreprises militaires privées, et même des mercenaires et des guérilleros, dans certains cas) ont fini la vie à quelqu'un dans un contexte de conflit armé (concept aujourd'hui assez flou en raison du terrorisme et des organisations criminelles), elle est justifiée devant Dieu au regard du cinquième commandement de l'Église (« Tu ne tueras point »).

« Tu ne feras point mourir l'innocent et le juste » (Ex 23,7). Nous n'avons ni le droit ni l'omniscience divine de juger si une personne est innocente ou juste ; il faut donc éviter ce raisonnement. Cependant, les actes concrets posés par la personne à ce moment précis nous permettent de vérifier si cette conduite est entachée de malice et de vice, susceptible de détruire le don le plus précieux de Dieu à l'humanité et le bien juridique le plus essentiel : la vie.

Aucun père n'est obligé d'accepter le martyre et de laisser sa famille dans le désarroi matériel et surtout spirituel. Il n'y a donc aucune raison d'hésiter à agir face à toute menace réelle et imminente pour lui-même, ses proches et ses proches. C'est un dilemme auquel on est confronté dans les situations critiques (tuer ou être tué ?), et j'espère que vous l'avez résolu immédiatement. Agir en état de légitime défense n'est ni un crime ni un péché (mais attention à ne pas recourir à une force excessive, ce qui peut facilement arriver dans le feu de l'action).

C'est pourquoi le Dieu de miséricorde a un cœur ouvert pour vous, même si vous avez vécu l'enfer de la guerre. Rien de ce que vous avez fait ne saurait justifier que Dieu cesse de vous aimer et de vouloir votre salut. Tout excès, et même toute attitude irréfléchie, peut être neutralisé par le sacrement de la confession. L'amour divin vous attend, mais il attend que votre cœur s'ouvre pour pouvoir élire domicile en vous.

Le paradigme du conflit armé est différent de celui du temps de paix, très différent. Lorsque des personnes de différents pays (ou des groupes dissidents/révolutionnaires au sein d'un même pays) prennent les armes les unes contre les autres, agissant au nom d'un État (ou d'une prétendue cause à laquelle elles croient), ces personnes, pendant les hostilités, cessent d'être de simples citoyens et reçoivent le titre de combattants. Autrement dit, elles ont le droit (le devoir) de neutraliser des objectifs militaires (autres combattants, légitimes ou non).

C'est pourquoi les objectifs non militaires (qui n'apporteront aucun avantage à l'effort de guerre) ne doivent pas être attaqués, tels que les non-combattants, les enfants, les femmes, les personnes âgées, les maisons, les écoles, les hôpitaux, bref, toute personne ou tout objet qui ne participe pas activement aux hostilités.

De même, lorsque les hostilités cessent, il n'y a plus de raison d'entretenir une quelconque animosité envers les citoyens du pays adverse. Il s'avère qu'une population marquée par la guerre met de nombreuses années à apprendre à pardonner et à remettre toutes ses souffrances à Dieu. Une tâche difficile et absolument nécessaire consiste à empêcher que les conflits armés ne renaissent dans le cœur et l'esprit de ceux qui ont perdu leur famille, leur foyer, leur emploi, etc., dans les horreurs de la guerre.

Déclarer la guerre (état de belligérance) ou participer à une guerre est-il considéré comme un péché grave ? La théorie de la guerre juste énumère les conditions nécessaires pour qu'un pays s'engage dans un conflit armé :

- il doit être déclaré et exécuté par une autorité légitime, sans opposition du peuple ;

- pour une cause juste et bonne, telle que la légitime défense, une action préventive contre un tyran sur le point d'attaquer, ou le châtiment d'un ennemi coupable ;

- avec une chance raisonnable de succès ;

- pour parvenir à la paix (intention juste) ;

- lorsqu'il est nécessaire d'éviter un mal plus grand que les dommages causés par la guerre ; et

- en dernier recours, après l'échec du dialogue et de la négociation.

Le Catéchisme de l'Église catholique apporte un éclairage considérable sur ce sujet et mérite d'être lu attentivement.

2308. Chaque citoyen et chaque responsable gouvernemental doit œuvrer à la prévention de la guerre.

Cependant, tant que « le danger de guerre persiste et qu'il n'existe pas d'autorité internationale compétente dotée des moyens appropriés, les gouvernements ne peuvent se voir refuser le droit de légitime défense, une fois toutes les négociations pacifiques épuisées. » (73)

2309. Les conditions strictes de la légitime défense par les armes doivent être soigneusement examinées. La gravité d'une telle décision la soumet à des conditions rigoureuses de légitimité morale. En même temps, il est nécessaire :

- que le préjudice causé par l'agresseur à la nation ou à la communauté des nations soit durable, grave et certain ;

- que tous les autres moyens d'y mettre fin se soient révélés impraticables ou inefficaces ;

- que des conditions sérieuses de succès soient réunies ;

- que l'usage des armes n'entraîne pas de maux et de désordres plus graves que le mal à éliminer. La puissance des moyens de destruction modernes a une incidence très importante sur l'appréciation de cette condition.

Tels sont les éléments traditionnellement indiqués dans la doctrine de la guerre dite « juste ».

L'appréciation de ces conditions de légitimité morale relève du jugement prudentiel de ceux qui sont responsables du bien commun.

Le Catéchisme commente ensuite l'activité militaire, y compris le service obligatoire, notamment lors de la déclaration de l'état de belligérance (expression politiquement correcte pour avertir les citoyens que leur vie sera bouleversée pour longtemps):

2310 Dans ce cas, les pouvoirs publics ont le droit et le devoir d'imposer aux citoyens les obligations nécessaires à la défense nationale.

Ceux qui se consacrent au service de la patrie dans la vie militaire sont des serviteurs de la sécurité et de la liberté du peuple. Dans la mesure où ils s'acquittent de cette tâche comme il se doit, ils contribuent véritablement au bien commun et à la sauvegarde de la paix.

Soyez assurés qu'un Dieu juste et vrai, qui veut notre salut, ne placerait pas d'obstacles (même moraux) pour qu'une nation, qui recherche la paix et la prospérité pour ses citoyens, soit contrainte d'accepter la conquête et la destruction d'un tyran d'un pays voisin. L'Ancien Testament (Philistins, Égyptiens, Babyloniens...) regorge d'exemples montrant que Dieu non seulement accepte la guerre, mais l'utilise comme un moyen de démontrer sa puissance aux peuples païens, afin qu'ils puissent rencontrer le vrai Dieu, unique et éternel (qui règne même sous les eaux de la mer Rouge).

Cependant, se contenter d'affirmer la justice d'une guerre donnée ne garantit pas son succès devant Dieu (ni devant les hommes). Voici une autre leçon précieuse du Catéchisme que tout homme en armes doit connaître pour bien exercer sa profession:

2312. L'Église et la raison humaine affirment la validité permanente de la loi morale lors des conflits armés. « Une fois la guerre malheureusement commencée, tout ne devient pas licite entre les belligérants » (76).

2313. Les non-combattants, les soldats blessés et les prisonniers doivent être respectés et traités avec humanité.

Les actes délibérément <u>contraires aux droits des peuples et à leurs principes universels</u>, ainsi qu'aux ordres qui les commandent, sont des <u>crimes</u>. L'obéissance aveugle ne suffit pas à excuser ceux qui s'y soumettent. Ainsi, <u>l'extermination d'un peuple, d'une nation ou d'une minorité ethnique</u> doit être condamnée comme un <u>péché mortel</u>. Il est moralement obligatoire de résister aux ordres de commettre un génocide.

2314. « Tout acte de guerre qui <u>détruit sans discrimination des villes entières ou de vastes régions avec leurs habitants</u> est un <u>crime contre Dieu et contre l'homme lui-même</u>, qui doit être condamné fermement et sans hésitation » (77). L'un des dangers de la guerre moderne est qu'elle offre aux détenteurs d'armes scientifiques, notamment atomiques, biologiques ou chimiques, la possibilité de commettre de tels crimes.

En bref, la guerre est chaos. Confusion, mort et destruction. Et l'armée, architecte du chaos, est appelée à provoquer tout cela dans la vie d'autrui, avec des conséquences profondes et irréversibles pour la société tout entière. Un soldat peut quitter une guerre, mais la guerre ne le quitte pas. Voici le point crucial : comment exercer le métier des armes sans éprouver de la haine pour ceux qui voulaient vous tuer, ni du ressentiment envers ceux que vous avez tués ?

La réponse à cette question clé réside dans une expression qui, bien qu'ancienne, conserve une pertinence profonde et universelle : memento mori. Cette expression latine signifie « souviens-toi que tu es mortel » ou « souviens-toi de la mort ». Si elle peut paraître sombre à première vue, elle véhicule en réalité un puissant message de réflexion, de préparation et d'appréciation de la vie.

Le memento mori puise ses racines dans la tradition philosophique et artistique du monde occidental, notamment au Moyen Âge et à la Renaissance. Les artistes créaient des images et des symboles rappelant aux gens leur mortalité, les encourageant à mener une vie vertueuse, réfléchie et déterminée. Pour les militaires, cette expression rappelle constamment la fragilité de la vie et l'importance d'être toujours prêt à affronter les épreuves.

Dans le milieu militaire, le memento mori peut être interprété comme un appel à la vigilance, à la discipline et à la responsabilité. Reconnaître sa mortalité n'est pas une raison d'avoir peur, mais plutôt une motivation à agir avec courage, intégrité et dévouement. Après tout, la conscience de la finitude renforce l'importance de se protéger, de protéger ses camarades et sa nation.

En gardant ce souvenir présent à l'esprit, les militaires peuvent cultiver le respect de la vie tout en se préparant à affronter les défis avec détermination. Cette perspective les aide à apprécier chaque instant, à honorer leur engagement envers leur mission et à faire preuve d'humilité face à l'adversité.

Le memento mori est plus qu'une simple expression : c'est une philosophie qui encourage à vivre avec détermination, responsabilité et courage. Pour ceux qui se sont engagés à défendre leur nation, même au prix de leur vie, cela renforce l'importance d'être toujours vigilants, de valoriser la vie et d'accomplir leurs missions avec honneur, sachant que chaque instant est précieux.

En se souvenant de la finitude de notre existence, il est possible de trouver une issue aux causes profondes qui ont conduit au conflit, qu'elles soient économiques, sociales ou idéologiques. Souvenons-nous que, de l'autre côté des lignes ennemies, il y a aussi un jeune qui espère un monde meilleur ou un père qui demande à Dieu de revenir à la maison.

Aimer son prochain comme Jésus nous a aimés est le moyen sûr de trouver la paix avant, pendant ou après les périodes historiques troublées par la violence. La mort nous rappelle de valoriser la vie, toujours et partout, et de rechercher une paix durable, la paix du Christ.

Lisez le message puissant de la Bible : « Heureux les artisans de paix, car ils seront appelés fils de Dieu.» Cette phrase nous rappelle une mission particulière que nous pouvons tous assumer, quel que soit notre uniforme : être des agents de paix par nos actions et nos attitudes.

Par exemple, ce livre m'a été inspiré par le Saint-Esprit peu après un événement inattendu dans ma vie : j'étais en mission, j'accompagnais les troupes, et après une activité physique, je suis allé prendre une douche. L'endroit étant improvisé, il n'y avait pas de séparation entre les douches, et bientôt un autre soldat est apparu pour prendre sa douche. Après avoir parlé du travail, il m'a demandé : « Alors, combien de personnes avez-vous tuées aujourd'hui ? »

J'ai immédiatement répondu : « Tu ne comprends pas, guerrier ? Nous sommes ici pour combattre les principautés et les puissances, les esprits maléfiques qui sillonnent le monde et cherchent à détruire les âmes. Ces gens qui nous tirent dessus chaque jour ne sont que des secrétaires, pas le véritable ennemi.» L'Évangile doit être proclamé à chaque occasion, même entre deux hommes nus et savonneux dans des toilettes communes.

En tant que soldats, nous sommes souvent appelés à protéger, défendre et maintenir l'ordre. Ces tâches exigent courage et force, mais elles comportent aussi une responsabilité encore plus grande : promouvoir la paix. Après tout, la véritable force ne réside pas seulement dans la capacité à combattre, mais aussi dans la capacité à rechercher des solutions pacifiques, à éviter les conflits autant que possible et à agir avec justice et compassion.

Être un « enfant de Dieu » signifie vivre selon ses enseignements, ce qui inclut être un promoteur de la paix. Lorsque nous choisissons de dialoguer, de comprendre les autres et d'agir avec intégrité, nous reflétons l'amour et la miséricorde de Dieu. Notre rôle n'est pas seulement de protéger les gens des menaces extérieures, mais aussi de créer un environnement où la paix peut s'épanouir, même dans les moments difficiles.

N'oubliez pas que chaque action que vous entreprenez peut être un instrument de paix. Que ce soit dans votre quotidien, en mission ou dans vos relations avec vos collègues et les civils, votre attitude de paix et de respect peut transformer les environnements et inspirer les autres à rechercher l'harmonie.

Alors, cher soldat, dans l'accomplissement de votre mission, souvenez-vous que promouvoir la paix est l'une des plus belles expressions de force et de courage. Ce faisant, vous serez à la hauteur de la promesse d'être appelé enfant de Dieu, reflétant son amour et sa paix dans ce monde.

Puissiez-vous continuer à être une lumière d'espoir et de paix, toujours guidé par les valeurs qui renforcent non seulement votre mission, mais aussi votre esprit. J'espère que cette réflexion vous sera utile et vous inspirera à toujours garder ce souvenir vivant dans vos actions quotidiennes.

INTRODUCTION

"Combattez, Seigneur, avec ceux qui me combattent ; combattez contre ceux qui me combattent", Psaumes 34 (35), 1

Chrétien, êtes-vous prêt pour la bataille ? Je ne parle pas de combattre des hommes de chair et de sang. Celles-ci sont aussi dangereuses, et il est important d'être prêt contre ceux qui veulent vous faire du mal, c'est sûr. Il s'agit d'un autre champ de bataille. La lutte contre le diable peut avoir lieu sur le champ de bataille spirituel, mais le mal envoie plusieurs secrétaires de chair et de sang de ses nombreux échelons de combat afin de perturber la vie des chrétiens. Le camouflage est impeccable, armes de tout genre, calibre et configuration. Il utilise même des armes chimiques et biologiques (vous n'avez pas compris ? Le crack et le SIDA en sont quelques-uns) et personne ne l'accuse de crimes de guerre. Sa tactique défie des stratèges comme Clausewitz, Sun Tzu, Napoleon ou Patton. Êtes-vous prêt pour CE genre de combat ?

Je pensais que je l'étais. J'allais à la messe, je me confessais de temps en temps, j'essayais de dire la vérité, de payer mes factures, d'être un bon père et un bon mari. J'ai prié le chapelet avant les examens pour une carrière publique et j'ai été approuvé, même si j'ai étudié de nombreux sujets inutiles. J'ai fait le jeûne pour trouver un appartement près de l'école de mes enfants. J'ai demandé à Dieu de retarder le décollage d'un avion jusqu'à ce que j'arrive à l'aéroport et miraculeusement mon plaidoyer a été exaucé. Je suis même allé à des groupes de prière selon le Renouveau Charismatique Catholique. Mais l'ennemi a utilisé de nombreuses brèches et a attaqué au moment où ma garde était basse. Ces quelques mots sont un témoignage de la grâce et de la miséricorde divines, et un effort pour que les autres apprennent avec mes erreurs. Saint Paul écrit à Timothée : "J'ai combattu le bon combat, j'ai terminé la course, j'ai gardé la foi". Alors, quel genre de combat est-ce, dans lequel à la fin de la carrière la personne n'a pas perdu la foi ni l'espoir ? Plus important encore, comment se préparer et s'engager dans ce bon combat ?

Qui a été sur le champ de bataille physique sait très bien (ou devrait savoir) que le combat commence au niveau spirituel, continue au niveau spirituel et se termine au niveau spirituel. C'est facile de s'en rendre compte pendant la formation. La préparation psychologique aux cours opérationnels exige de l'étudiant un but, un objectif. Personne ne se fera souffrir uniquement à cause de la souffrance, par masochisme. Les étudiants motivés par la vanité de dire « Je vais bien ! », pour une augmentation de salaire ou pour transmettre sa colère à quelqu'un peuvent finir par terminer le cours, avec beaucoup d'efforts, mais cette souffrance n'a apporté aucune croissance personnelle, et il a appris rien sur la guerre spirituelle. Ceux-ci ne vont pas loin.

La préparation physique dissociée de la spirituelle ne suffit pas pour que le soldat ne désespère pas et s'enfuie dès qu'il sent l'odeur du sang mêlée de boue et de poudre. Pour accepter de risquer sa vie, le soldat a besoin d'une conviction totale qu'il se bat pour une bonne cause (les vierges prometteuses au paradis ne suffisent pas à ceux qui ont du discernement) que ses actions font partie d'un effort commun pour faire le bien. Le combat pour son pays est à l'extérieur, mais de l'intérieur tout le monde se bat pour sa famille, ses amis, pour la vie et la liberté de lui-même et de tous ses proches. C'est l'amour du pays, le vrai patriotisme (le patriotisme peut surgir dans une compétition sportive internationale, mais avec une faible intensité ; cela devient clair quand il y a une défaite et que le joueur souffre d'hostilité ; outre l'égoïsme qui démontre un manque de patriotisme, parce que l'égoïste ne ne pas vouloir sympathiser avec le perdant, même lorsque la défaite est justifiable ; n'importe qui peut faire preuve de solidarité en gagnant, mais seuls ceux qui aiment leur pays peuvent faire preuve de solidarité sur les pertes). Autre exemple, la guerre contre la drogue ou le terrorisme est impersonnelle et ne motive personne, mais si le combattant visualise la quantité de drogue ou la peur qu'il peut enlever à ses proches, il va se battre de toutes ses forces. Le vrai patriotisme est l'amour de la famille.

Faute de valeurs morales, le soldat peut aussi aller combattre le mal dans son cœur. Possédé par le diable, le combattant remportera de nombreux combats, mais en favorisant les méchants, et commettra des atrocités contre les femmes, les enfants et les personnes sans défense. Si tel est le cas, vous pouvez fermer ce livre. Ne perds pas ton temps. Je refuse de t'écrire. Ne revenez qu'après un bon repentir, réconciliation et conversion.

S'il n'y a pas de valeurs morales pour justifier la bataille, le soldat perd sa motivation. Sa propre conscience commence à s'interroger : « À quoi pensais-je ? « Est-ce que je fais la bonne chose ? » L'émotion et l'aventure font bientôt place à la fatigue et à l'épuisement. Au premier contact (baptême du feu) le désespoir prend les rênes de la vie du combattant, qui ne veut pas mourir en vain, ne veut pas se sacrifier pour quelque chose qui ne vaut pas son sang.

Chaque bataille est spirituelle. Si vous n'êtes pas prêt, vous avez déjà perdu. Saint Paul a écrit comment nous devons nous préparer, dans la Lettre aux Ephésiens, 6, 13-17 :

« Par conséquent, revêtez l'armure complète de Dieu, afin que, lorsque le jour du mal viendra, vous puissiez tenir bon, et après avoir tout fait pour tenir bon. Tenez bon alors, avec la Ceinture de la Vérité bouclée autour de votre taille, avec la Cuirasse de la Justice en place, et avec vos pieds équipés de la disponibilité qui vient de l'évangile de paix. En plus de tout cela, prenez le Bouclier de la Foi, avec lequel vous pouvez éteindre toutes les flèches enflammées de la le malin. Et prends le Casque de la Salvation et l'Épée de l'Esprit, qui est la parole de Dieu".

La préparation au combat physique est très différente de la préparation spirituelle, mais la base d'un bon entraînement physique est un bon entraînement spirituel. N'entraîner que la carcasse peut être vanité, orgueil ou même cupidité, et cela ne durera pas longtemps, ou sera utilisé pour que le mal répande les ténèbres, avec vos péchés et de ceux qui vous suivent. Voulez-vous conduire d'autres personnes vers le chemin sombre? Voulez-vous être l'occasion de l'automne pour vos frères et sœurs ?

Vous vous êtes certainement rendu compte de l'utilisation de nombreuses expressions et argots militaires dans ce livre. Ne t'inquiète pas. Les choses divines sont simples, donc j'écris de la manière la plus simple possible, sans perdre de contenu. Pas de lucubration ou d'escroquerie. Si toutefois vous êtes un professionnel des armes et que vous n'êtes pas prêt pour le combat spirituel, lisez attentivement ce que j'écris. Le meilleur moment pour lire, c'est quand vous êtes en mission à l'étranger, que votre femme et vos enfants sont tristes ou en colère contre vous et votre absence, et que vos collègues vous appellent pour aller chercher, frapper, aller sur la voie... Vous pouvez pense que je suis fou, que ce livre est un non-sens, mais lisez-le jusqu'à la fin. Votre famille l'apprécie.

Quelle est la partie la plus agréable de la mission ? Ce n'est sûrement pas la préparation, toute l'attente et l'anxiété, préparer et tester le matériel, l'équipement, l'uniforme, l'étude de la zone de responsabilité, le mandat de la mission, les forces ennemies, neutres et alliées, et la pression du échelon supérieur jusqu'à l'embarquement.. Ni toute la tension lors de chaque patrouille, les regards en colère de la population, la sueur, la poussière et l'odeur nauséabonde, des pneus brûlés, l'urine, les excréments, les pousses qui tout à coup viennent de partout... La patrouille passe toute la nuit à monter et descendre du véhicule et ne trouve rien. Le mandat de perquisition met beaucoup de temps à venir, et au final la place est vide. Tout cela en ne considérant que les événements prévisualisés. Lorsque les allégations des violations des droits de l'homme et du droit international humanitaire arrivent, des personnes torturées, violées, des enfants mutilés des femmes et la population est ouvertement hostile à la troupe, utilisant des bâtons et des pierres, l'escalade de la violence semble ne jamais s'arrêter. Alors, y a-t-il du plaisir dans la mission ?

Je peux dire par moi-même, ce que je suis tombé dans mon cœur. Le plus grand plaisir de la mission n'est pas quand elle se termine, car j'aime beaucoup ce que je fais, et si je fais bien mon travail, et que je ne reçois pas de pierres et de cailloux de la population est prévisualisé dans les Règles d'Engagement) Je suis satisfait et prêt à recommencer, autant de fois que nécessaire. J'aime tellement ce que je fais que je suis allé trop loin, j'étais tellement accro à l'adrénaline du combat que je me suis porté volontaire pour une mission à l'étranger même contre l'avis de ma femme. J'ai d'abord demandé la guérison de cette dépendance, en priant chaque jour le Chapelet de la Miséricorde Divine devant la Sainte Eucharistie. Ensuite, nous avons beaucoup discuté et nous avons tous les deux fait des ajustements dans nos carrières professionnelles, afin de ne pas déranger la famille. Mais la joie en fin de mission est un plaisir instantané, qui peut revenir avec moins d'intensité lorsque l'on raconte les événements (blocages, embuscades, sauvetages, chacun a une histoire à raconter). Alors, c'est tout ?

Ce qui comble mon cœur de joie, c'est de rentrer à la maison, de recevoir les câlins et les bisous des enfants, de la femme, de demander comment s'est passée la mission, si je vais bien, combien de jours de congé... Le soldat a besoin de donner beaucoup de l'amour à sa famille, être présent, avoir du temps disponible pour eux. D'autre part, la femme et les enfants doivent soutenir le soldat pendant la mission, ne pas ruiner son affectif et garder la cohésion. De nombreux suicides et autres formes de violence commis par les militaires en campagne découlent de problèmes personnels (fin d'une relation ou d'un mariage, et aussi désobéissance des enfants). Les liens familiaux doivent être continuellement renforcés avec des activités communes et de la prière, beaucoup de prière, car pendant la mission il est très facile d'être égoïste et de ne penser qu'en l'absence que le soldat le sera. Néanmoins, le soldat doit valoriser sa famille, renforcer les liens, passer beaucoup de temps avec eux, présent corps et âme, demander volontiers comment vont les choses, faire ses devoirs, jouer avec les enfants sans honte (on peut aussi jouer à des jeux de guerre) , réparer des appareils électroniques, offrir de l'aide aux activités ménagères... Être présent est votre plus beau cadeau.

La famille est le plus important. Si vous n'avez pas de famille pour revenir à la fin de la mission, alors pour qui vous êtes-vous lutté ?

1. VIGILANCE

"Si le Seigneur ne bâtit la maison, ses constructeurs travaillent en vain. Si le Seigneur ne garde la ville, les veilleurs s'éveillent mais en vain", Psaumes 126 (127), 1.

Que se passe-t-il avec le soldat lorsqu'il n'est pas vigilant pendant son quart, en sentinelle ? Il est accusé d'une transgression disciplinaire voire d'un délit, s'il était paresseux, pas de botte, l'arme à côté, pas de chapeau. Tout ça parce que l'ennemi arrive au moment le plus inattendu, il ne vient pas avec des sirènes et des feux d'artifice (s'il le fait, c'est dans votre direction, pas en haut). A cause d'un collègue peu vigilant (ou paresseux), tout le quart en paie le prix : allez dans la boue, allez à l'eau, Assis 1, 2 ! À vos pieds 1, 2 !, Pour les flexion des bras 1, 2 ! Entraînement de parade sur l'asphalte à 12 heures, pour que le soleil éclaire votre conscience (ou pour vous faire fondre la cervelle...). Si le combat physique est ainsi, pourquoi serait-il différent du combat spirituel ?

Pour ceux qui sont déjà débarqués, le malin ne fait aucun effort. Après tout, vous avez volontairement rejoint les rangs du mal. Par contre, celui qui est toujours sur le bon combat, avec Dieu et pour Sa Gloire, en subira la charge. Celui qui a déserté les rangs du mal et qui est aujourd'hui avec Dieu est une cible privilégiée, car il peut retomber et est déjà infiltré. Quelles sont les tactiques, techniques et procédures, ou modus operandi) de l'ennemi ? Essayez d'en identifier certains dans votre vie quotidienne :

- la pornographie sur l'ordinateur, dans les quartiers, sur le lieu de travail, sur le téléphone portable ;

- invitation à des activités interdites à la famille (bar, discothèque, point d'estupéfiants, etc) ;

- des canulars et des commérages sur des célébrités, des faits honteux sur des personnes que vous connaissez ;

- des personnes qui se vantent de leurs aventures sexuelles, de l'argent facile à gagner, de l'obtention d'avantages illégaux ou immoraux ;

- des situations qui aident à enfreindre la loi, des fausses informations IR au stationnement de la voiture dans un endroit interdit ;

- des chansons et des vidéos faisant l'apologie du crime, de la consommation de drogues, du sexe gratuit, de la violence injustifiée, dans des camions sonores, des bruits de voiture à volume élevé ou des vidéos de webcams sur téléphone portable ;

- omettre la vérité ou mentir, pour éviter de faire le bien, comme la propagande de certains politiciens brésiliens ;

- propagande à messages subliminaux (la jolie femme ne vient pas avec la bière, la cigarette, ni la voiture de luxe annoncée) ;

- des informations ayant tendance à susciter la haine ou la peur dans certains segments de la population.

Dès lors, se prémunir des pièges du mal, c'est partir vivre sur une île déserte ? Négatif. Tu peux même aller en Sibérie, si tu prends toute cette pollution dans ta tête ça ne fera aucune différence. Garder, c'est reconnaître que le malin attaque et repousser cette attaque. Considérez attentivement si cette information, image ou objet de consommation est important pour vous, si cela vous rapproche de Dieu. C'est un non-sens de se dire : « je vais être indulgent avec mes amis, je partagerai la bière pour qu'ils ne souffrent pas autant », « je vais me droguer pour me rapprocher des accros, gagner leur confiance et ensuite les éloigner de la dépendance", vous vous mentez. "Jésus n'a pas exclu les prostituées, alors je vais me rapprocher d'elles et utiliser leurs services" est l'un des pires arguments pour justifier une péché, car c'est un blasphème et une déformation des paroles de Jésus, un péché encore plus grave.

Dans les batailles spirituelles, les dommages infligés sont douloureux et difficiles à réparer. Qui a vu de la pornographie toute sa vie verra chaque femme comme un objet de consommation, pas comme un être humain. Et les images seront sauvegardées dans des endroits privilégiés de la mémoire, comme un holster à tirage rapide, et reviendront à l'esprit à la première occasion. Peu à peu le plaisir avec sa propre femme diminue, et pendant les moments loin de chez eux les instincts remontent. Résultats : divorces, enfants non désirés/non désirés, amertume et tristesse pour tous. Lors des missions à l'étranger viennent les violations des droits de l'homme, c'est-à-dire que les militaires qui étaient là pour défendre la population profitent des sans défense et attaquent ceux qu'ils étaient censés protéger.

Quel Dieu adorez-vous ? Le Dieu unique et tout-puissant ? Vous refléterez la Lumière de Dieu dans votre vie, où que vous soyez. Néanmoins, si votre dieu est votre corps, votre travail, votre intellect, votre voiture, votre maison ou votre téléphone portable, ou la drogue, le sexe, la violence, vous êtes loin du vrai Dieu. Reviens tant qu'il est encore temps.

Qui s'abandonne à ses passions comme le cheval et l'âne, sur eux le diable a le pouvoir, dit l'ange Raphaël à Tobie. Il ne s'agit pas seulement de sexe, mais aussi de gagner de l'argent, de dépenser de l'argent, des soins excessifs et obsessionnels du corps, la démonstration d'autorité, même parler sans mesure peut faire de vous un soldat du mal, pris par la cupidité ou la vanité. À la fin, mon ami, vous serez seul, sans personne pour demander de l'aide.

Sans vigilance le bateau est à la dérive, sans chemin. Sans famille, la personne est sans protection, en liberté dans le monde. Au contraire, une famille qui craint Dieu est unie, l'une aide l'autre dans les moments difficiles. Voulez-vous trouver à qui faire confiance? Demandez à vos amis du football ou du bar s'ils peuvent vous aider à payer vos factures de carte de crédit...

2. CEINTURE DE VERITÉ

"Envoie ta lumière et ta vérité, qu'ils me conduisent; qu'ils m'amènent à ta sainte colline et à tes tabernacles" Psaumes 42 (43), 3

La base d'une bonne armure est la ceinture, qui la maintient et la maintient ajustée. Ce n'est pas la protection des pieds, j'en parlerai bientôt. Un soldat sans ceinture ajustée ne peut pas combattre. Son pantalon continue de tomber, son gilet continue de s'ouvrir. Il ne peut pas courir, ses jambes sont attachées. Il ne peut pas utiliser ses jambes, elles sont occupées. Il ne peut pas porter beaucoup de poids, ils sont occupés. Comment une personne peut-elle combattre en tenant son pantalon ? En bref, un guerrier sans ceinture est attrapé par l'ennemi en "jambes courtes", montrant ses sous-vêtements, qui utilise sa vulnérabilité et l'humilie également pour sa défaite.

Au lycée, mes camarades ont inventé une blague de très mauvais goût : parce que le pantalon et le short n'avaient qu'un élastique à la taille, l'un tirait le pantalon de l'autre au milieu du laboratoire, devant les filles. L'intimidation n'a cessé que lorsque le magasin a commencé à vendre des pantalons avec une ficelle.

Au cours d'un certain camp, l'un des soldats avait perdu la boucle de la ceinture et avait eu des ennuis lorsque tout le monde était appelé pour se rendre au point de rendez-vous. Alors qu'il tenait le pantalon, il laissa tomber le fusil. Quand il a pris le fusil, le bouchon est tombé. Heureusement, nous avons trouvé une autre ceinture avant qu'il n'aille dans l'eau et qu'il perde son pantalon (ou qu'il se noie et qu'il soit retrouvé mort en montrant son dessous). Aller au combat sans ceinture est une défaite certaine.

Avec les mensonges et les informations cachées, les mêmes choses se produisent.

Quand la personne est surprise en train de mentir, vient bientôt la sensation de honte et d'humiliation, comme si quelqu'un avait laissé tomber son pantalon au milieu de la rue, ou quand le pantalon se déchire à l'entrejambe quand on se baisse pour attraper quelque chose. Puis viennent les accusations : « N'as-tu pas dit que tu étais chez ton ami ? « Cet argent n'a-t-il pas été dépensé en médicaments ? ... La bataille spirituelle se termine avant même d'avoir commencé, et l'ennemi fait une véritable campagne psychologique pour ternir votre image et votre crédibilité.

Qui ne porte pas la ceinture de vérité utilisera le mensonge comme une arme ou omettra certaines informations importantes. Il cache à la famille où il a été, ce qu'il a fait, combien il a gagné, combien il a dépensé. Certains cachent même leur lieu de résidence à leurs collègues, ou leur salaire à leur femme. La vérité, mon ami, vous protège des pièges les plus rusés de l'ennemi, qui peuvent vous atteindre lorsque vous êtes au dépourvu.

Une autre occasion de mentir est de montrer quelque chose que vous n'êtes pas. Les photos personnelles sur les réseaux sociaux montrent des gens toujours heureux, riches et puissants. Il ne montre aucun combat ou souffrance de la personne, seulement des autres. Il montre la boisson, mais jamais le lieu de rencontre au travail le lendemain. Il montre la voiture de luxe, mais manque la facture de carte de crédit en souffrance et les dépenses en carburant, taxes, assurances. Personne n'a besoin d'être riche et puissant pour être heureux. Montrer quelque chose que vous n'êtes pas est encore pire. D'ailleurs, lorsque les masques tombent, l'humiliation bat toutes les personnes impliquées. Les mariages et les amitiés basées sur le statut, l'argent ou le pouvoir ne durent pas longtemps, la méfiance surgit tôt ou tard. S'il s'exhibe, les accusations fusent de toutes parts. Pas besoin de trouver qui est coupable, car dans ce jeu personne n'est innocent. Qui a menti et qui s'attendait à un avantage indu.

Un petit mensonge en entraîne un autre, et ainsi de suite, en une chaîne qui vous tire vers le bas. Menti? Assumez-le, repentez-le, confessez-le. Cela fera beaucoup moins mal et vous pourrez regagner confiance avec le temps. La réputation du combattant protège bien plus que des casques ou des armures. Ceux qui font le mal restent dans les ténèbres, a enseigné Jésus, parce qu'il ne veut pas que ses actions soient exposées. Qui fait le bien ne craint pas la Lumière de Dieu, la Vérité. Laissez la Lumière de Dieu illuminer votre procédure, en parlant et en écrivant avec équité et responsabilité.

Il faut du courage pour annoncer la parole de Dieu, car vous pouvez être sûr que chaque bonne action que vous faites aura des représailles. Afin de vous protéger de la peur et de la honte, ayez toujours votre ceinture de vérité ajustée, en parlant toujours avec droiture et en temps utile.

3. CUIRASSE DE LA JUSTICE

"Défendez les faibles et les orphelins ; défendez la cause des pauvres et des opprimés" Psaumes 81 (82), 3.

La cuirasse est une armure de plaques métalliques, assemblées afin de protéger le corps sans limiter les mouvements. Il protège tout le corps, sauf la tête. Il protège de toutes sortes d'impacts au combat, à l'exception des flèches et des fléchettes (celles-ci peuvent percer la plaque, et pour la retirer du corps, il faut en déchirer un bon morceau de chair. De nos jours, la protection du corps est en Kevlar et plaques en aramide, beaucoup plus légères et capables de résister aux tirs d'armes à feu..

Bien ajusté au corps la cuirasse protège des chocs. S'il est lâche, les attaques peuvent provenir des endroits ouverts (généralement sur le tronc, sous les bras) et le combattant courra maladroitement, faisant rebondir tout le matériel. S'il est trop serré, le combattant s'étouffe et ses mouvements deviennent limités, l'empêchant de se battre.

Il est facile de comprendre l'utilisation de la cuirasse de la droiture lorsqu'elle est utilisée avec la ceinture de vérité : il ne suffit pas de dire la vérité, d'avoir un discours honnête et sincère, mais la vérité doit être combinée avec la pratique, avec des attitudes honnêtes et sincères. En d'autres termes, la justice est de faire ce que la vérité est de dire.

Bien ajustée à l'esprit, l'armure protège des blasphèmes. Une personne juste ne tombe pas dans le piège de la confiance, n'achète pas de billets de loterie prisés, ne participe pas à des schémas commerciaux pyramidaux (Telex Free, Ostrich Master, Am Way, tous les jours il y en a un nouveau), n'accède pas à des accès suspects liens envoyés par e-mail, ne fait pas de branchements illégaux d'eau ou d'énergie, respecte les panneaux de signalisation, respecte les règlements et lois de quartier. Une personne juste rend les paiements indus ou en trop, jette ses ordures dans un endroit approprié (il ne mélange pas les peaux de banane et les piles), il rend les objets qu'il a trouvés, peu importe la valeur, il respecte l'heure des événements programmés et accomplit ses obligations.

Lorsque la théorie est déconnectée de la pratique, tout le monde en subit les conséquences : du temps est perdu, de l'argent est gaspillé, des chagrins inutiles. Pas seulement pour la personne, mais pour tous ceux qui l'entourent ou qui croient en lui. Si elle est lâche, la cuirasse de la droiture ne protège pas les points vitaux, et l'ennemi utilisera un moment de distraction ; si trop serré, la personne devient inflexible, avec un code de conduite si élevé que seul lui (ou même lui), peut accomplir, il devient une personne irritante, les autres l'abandonnent, et plusieurs fois il est incapable de pardonner.

Je n'ai pas toujours été une personne juste. Avec et discours de moralité, austérité avec les factures domestiques, effort au travail et aux études, mais en pratique j'étais paresseux au travail, perdu la persévérance dans les études, dépensé en secret ce que le budget domestique ne permettait pas, et regardais aussi de la pornographie sur l'ordinateur. Bien sûr, j'ai été touché, mes flancs n'étaient pas protégés. Mais Dieu, dans sa Patience Éternelle, m'a sorti de la boue, montrant mes fragilités. Je suis encore faible sur de nombreux points spirituels, mais maintenant je sais où ils sont et je les protège mieux.

Ce n'est pas du tout facile d'être juste. Cela n'a jamais été le cas, et ne vous attendez pas à ce qu'un jour il soit facile de porter la cuirasse de la justice (la justice est plus lourde pour l'esprit que la veste en aramide pour le corps. Vous en doutez ? Soyez juste et vous le sentirez). Sachez que l'effort en vaut la peine, le juste est protégé de presque toutes les attaques de l'ennemi (il y a aussi le bouclier, nous y viendrons bientôt).

Comment savoir si je suis juste ? Utilisez la règle d'or, établie dans le droit international humanitaire : « Ne faites pas aux autres ce que vous ne voulez pas que les autres vous fassent ». Vous ne voulez pas recevoir une balle dans le dos ? Ne tirez pas dans le dos. Vous ne voulez pas être capturé puis torturé ? Ne torturez pas. Vous ne voulez pas que votre maison soit envahie et que vos affaires soient emportées ? N'envahissez pas les maisons d'autrui (sauf en cas de crime flagrant, de catastrophe ou de mandat judiciaire, et ne prenez pas les affaires d'autrui (sauf dans les cas établis par la loi, je sais que vous l'avez compris). Même si l'ennemi le fait , vous ne devriez pas le faire, parce que le soldat du Christ garde ses paroles avec sa propre vie, ce n'est pas un mercenaire sans scrupules.

Vous vous rendrez peut-être compte que la Règle d'or du DIH est inspirée des paroles de Jésus : « Aimez les autres comme vous vous aimez vous-même ». Jésus a beaucoup simplifié nos vies, cela ne demande pas beaucoup d'efforts, et ne vient pas avec la triste histoire qu'aujourd'hui les choses sont plus compliquées qu'il y a deux mille ans, parce que les paroles du Christ sont réelles, et le seront toujours. Demandez le discernement (votre conscience) Ecoutez le Saint-Esprit vous parler. Si vous n'entendez rien, soyez prudent. Soyez juste envers vous-même et vos proches. Ou bien, comment pouvez-vous demander à Dieu d'être juste envers vous ?

4. SANDALES DE PRÉPARATION

"Dirige mes pas selon ta parole, et qu'aucune iniquité ne domine sur moi". Psaumes 118 (119), 133.

Selon la Bible que vous utilisez, la traduction de "Sandales de préparation" peut changer, et cela m'a demandé beaucoup de patience et de discernement. J'ai recherché le texte dans plusieurs langues, afin d'arriver à une conclusion. Le texte sur Ephésiens 6, 15 peut être "se préparer à l'Évangile de la paix", "se préparer à l'Évangile de la paix" ou "s'employer à propager l'Évangile de la paix". La préparation, c'est être prêt, préparé, habillé, et bientôt vous comprendrez pourquoi j'ai choisi "Sandales de préparation".

La mobilité est essentielle pour le combattant. Qui reste immobile sur un champ de bataille devient une cible facile. Dans les conflits armés d'autrefois, le combattant devait se déplacer entre les tranchées, ou chercher un abri dans la mesure du possible, mais toujours se déplacer, avancer ou battre en retraite avec la troupe, ou éventuellement seul.

Les Conflits Armés Modernes demandent encore plus de mobilité, des patrouilles à pied fréquemment à proximité des civils, en milieu urbain, à la recherche de cibles et surtout pour transmettre confiance et crédibilité, afin de gagner l'adhésion de la population. Sans doute l'exposition au risque est-elle plus élevée, mais l'objectif est de montrer la sécurité. Si la troupe circule au milieu de la rue toujours protégée à l'intérieur de véhicules blindés, qu'en pensera la population ? Si la troupe ne se sent pas en sécurité, encore moins les civils. Et lorsque le véhicule brise l'asphalte, la passerelle piétonne, les voitures garées, les pieds des gens, les coups de feu se retournent contre eux, et ceux qui devraient garantir un environnement sûr et sécurisé deviennent hostiles. Tu es vautré dans la boue, soldat !!!

Un article important dans le sac à dos de chaque combattant est l'antiseptique pour les pieds, généralement en poudre. Il est utilisé pour éviter qu'une teigne, une callosité ou un pied d'athlète mette le combattant hors de combat. Il va non seulement quitter le combat, mais prendre deux autres combattants pour le transporter, ce qui risque de compromettre la mission. Les pieds doivent être protégés de toutes sortes de dangers naturels (humidité, froid, chaleur, épines, racines, serpents) ou artificiels (fil d'achoppement, mines antipersonnel, pièges).

Avez-vous réalisé l'importance du mouvement et de la protection des pieds sur le champ de bataille ? Le combat spirituel implique le même mouvement. Un chrétien ne combat aucun ennemi devant la télévision, sauf en regardant des prêches et des programmes qui annoncent la Parole de Dieu, et même cela, c'est peu. Un combattant du Christ doit quitter la maison et utiliser beaucoup ses pieds pour aider les différentes tâches de la paroisse, par exemple la distribution de nourriture pour les familles dans le besoin, aider les kermesses et les célébrations, entre autres activités qui nécessitent des pieds rapides et confiants .

Notre église est pèlerine. Faire des pèlerinages équivaut à prier avec les pieds (rappelez-vous cela lors de votre prochaine marche). Jésus a fait deux pèlerinages dès qu'il est venu au monde, un dans le ventre de sa mère à Bethléem, et un autre en Egypte, à cause de la rage d'Hérode. En tant qu'adulte, Jésus a fait ses déplacements à pied, afin d'être en contact avec les gens. Pour un pèlerinage, vous devez protéger et prendre soin de vos pieds.

Comment faire ce soin des pieds sur le terrain spirituel ? Être toujours prêt à annoncer l'Évangile. Levez-vous du canapé et cherchez la paroisse la plus proche. Offrez l'aide que vous pouvez, pas seulement de l'argent. Les églises ont besoin de personnes proactives, qui y parviennent, qui apportent la lumière de Dieu au prochain.

L'un des programmes les plus excitants que ma famille et moi avons fait ensemble était de distribuer de la nourriture aux sans-abri, avec le groupe de notre paroisse. Personne n'était exclu, c'était une activité familiale, et nous rapprochait tous. Un vendredi soir, au lieu d'aller au restaurant pour se faire servir, nous avons servi un repas chaud à des gens qui ne savent pas s'ils mangeront le lendemain. C'était inoubliable. Nous avons même mangé avec eux, à la fin.

Malheur à moi si je ne prêche pas l'Évangile, écrivait saint Paul. Pour s'engager dans ce genre de combat, mon frère, il faut être prêt et saisir les opportunités qui se présentent. Quelle est l'utilité d'avoir la lumière de Dieu si vous la gaspillez, n'éclairant personne ? Il ne suffit pas de connaître l'Evangile, il faut l'apporter à ceux qui sont dans les ténèbres.

Dans Matthieu, 8 : 8, il est rapporté qu'un centurion (équivalent à un capitaine dans la hiérarchie militaire moderne) demande à Jésus de sauver son serviteur. Quand Jésus demande d'aller vers le serviteur, le centenier dit : « Seigneur, je ne mérite pas que tu viennes sous mon toit, mais dis juste un mot, et mon serviteur sera guéri ». Le centurion poursuit : « Car je suis moi-même un homme sous autorité, ayant des hommes sous moi : je dis à celui-ci : Va, et il va ; et à un autre : viens, et il vient ». Le centurion était prêt pour tout ce que Jésus déciderait de faire à ce sujet, dans une totale soumission, et il laissa aussi clair que si Jésus disait seulement : Allez, la maladie partirait ; ou dire : Viens, et la guérison viendrait immédiatement. Au combat, c'est la même chose, lorsque le commandant appelle votre nom, vous devez être prêt à tout et suivre les ordres, sans hésitation ni négligence.

Vous n'avez toujours pas compris, Christian ? Quand Jésus dit : allez apporter de la nourriture à une personne dans le besoin, allez-y, sans vous demander, sans tarder, qu'il pleuve, qu'il neige ou qu'il fasse beau. Quand Jésus dit : venez aider une communauté pauvre, vous venez, en guerrier discipliné, conscient de vos devoirs de chrétien. Quand Jésus dit : fais une retraite spirituelle ou un pèlerinage, tu réponds comme Marie, exemple d'obéissance : « Voici, je suis la servante du Seigneur, qu'il m'en soit fait selon ta parole ». Quand Jésus appelle ton nom, tu réponse : Je suis prêt, Commandant ! COMPRIS !?!?!?

5. BOUCLIER DE LA FOI

"Vous qui le craignez, ayez confiance en l'Éternel; il est votre aide et votre bouclier", Psaumes 114 (115), 11

Avant l'invention des armes à feu, le bouclier était un élément essentiel de chaque guerrier. Les coups contondants, perçants ou tranchants pourraient être arrêtés, apportant un avantage tactique qui peut faire la différence. Le bouclier est tenu sur le bras faible, car le fort tiendra une arme. Plus le bouclier est grand, plus la protection est grande, mais plus il est lourd, moins est l'agilité sur le champ de bataille.

De nos jours, le bouclier n'est utilisé que dans le contrôle des foules (manifestation publique de groupes violents) ou dans les entrées tactiques, lorsqu'une personne est enfermée dans un lieu et résiste à la prison/capture.

Le combattant moderne a également besoin d'une bonne dose de foi (que le parachute s'ouvrira, que l'arme ne se bloquera pas, que le carburant sera suffisant, que l'ennemi perdra le tir), mais la foi la plus importante est en Dieu, ainsi livrez-vous à Sa Volonté avec altruisme et abnégation, en ayant peur de Dieu et non de l'ennemi, qu'il soit physique ou spirituel. Même si vous faites tout correctement dans votre vie, soyez honnête et juste à chaque fois et à chaque endroit, l'ennemi vous attaquera. Même sans aucune violation de mensonges ou d'injustice, les attaques viendront.

Le chrétien a-t-il besoin d'un bouclier de foi ? Vous avez probablement remarqué que la cuirasse de la justice protège contre de nombreuses attaques de l'ennemi. Mais pas tous, car lorsque l'ennemi ne trouve aucune brèche dans la vie du juste, il vient à plein régime, pour abattre le combattant de quelque manière que ce soit, avec une charge frontale, que les sandales de préparation ne peuvent pas esquiver. Pour le combattant, il ne reste plus qu'à se regrouper et à recevoir la charge avec espérance et sans murmurer, comme Job, un homme juste qui a subi toutes sortes de malheurs et n'a pas péché contre Dieu.

Je vais donner un exemple. Ma voiture était garée régulièrement, pendant la journée, et quand j'y suis revenu quelqu'un s'est écrasé si fort sur le côté qu'elle a remonté le chemin piétonnier. Perte de quelques milliers de reais. Ai-je fait quelque chose de mal pour mériter cette punition ? Ce n'est pas à moi de connaître les intentions divines, mais dans cette situation il n'y avait rien d'injuste dans ma conduite. La seule chose qui restait à faire était d'appeler la compagnie d'assurance (la personne qui a accidenté la voiture a laissé un numéro de téléphone, et heureusement son assurance a couvert tous les frais).

Dans cette situation où l'impact injuste (au moins apparemment) frappe la personne, la réaction est souvent de fureur ou de désespoir, blasphémant contre Dieu et le monde. « Qu'est-ce que j'ai fait pour mériter ça ? », « Ce n'est pas possible, pourquoi moi ? », « Dieu l'a voulu », et d'autres infamies. Beaucoup de gens justes finissent par tout quitter parce qu'ils n'ont pas pu recevoir une attaque frontale de l'ennemi, et tomba sur le péché. Symptôme de manque de foi.

Cependant, le chrétien qui garde son Bouclier de la Foi bien poli et brillant, prend le coup sans faiblir. Ils ont cloné votre carte de crédit ? Vous avez perdu votre emploi ? Vous avez volé votre téléphone portable ? Vous avez crevé un pneu en vous rendant à l'entretien d'embauche ? Vous avez eu la diarrhée ou des coliques le jour de votre examen d'admission à l'université ou de votre examen d'emploi public ? Votre fille s'est prostituée ? Votre fils s'est impliqué dans la drogue ? Votre mari est adultère ? Votre femme a abandonné la maison et les enfants ? Il ne sert à rien de vous éloigner de vos responsabilités, en accusant les autres juste de vous en exempter. Soyez juste en tout, dénoncez, luttez pour vos droits. Mais quand la justice est finie, recevez l'impact avec beaucoup de foi, continuez d'avancer et ouvrez la voie au milieu du feu avec votre Bouclier de la Foi, sans revenir en arrière, comme un guerrier qui craint que Dieu ne se comporte.

J'ai laissé le meilleur exemple à la fin. Le procès de Jésus n'était même pas un peu juste, et pourtant il reçut la flagellation et le martyre sans marmonner contre Dieu. Lors de sa crucifixion, il a même chanté le Psaume 21 : « Mon Dieu, mon Dieu, pourquoi m'as-tu abandonné ? Les coups de fouet et les clous ont peut-être perforé son corps, mais sa confiance a toujours été intacte, son état émotionnel est resté le même, sans aucune manifestation de manque d'espérance, de désespoir. Jésus était absolument certain, sans l'ombre d'un doute, qu'il surmonterait la mort. Sinon, comment pourrait-il pardonner à ses bourreaux et garder un dialogue respectueux avec Dieu, étant cloué sur la Croix ?

Avoir un Bouclier de la foi ne veut pas dire que le combattant ne tombera jamais dans le péché, mais il aura la foi, la force nécessaire pour que le chrétien se relève et affronte les adversités. Même si vous avez suivi avec précision l'azimut, entraîné et suivi intégralement les Commandements, si le parachute ne s'ouvre pas, que l'arme se bloque, que le carburant s'arrête ou que l'ennemi touche la cible, livrez à Dieu votre vie et embrassez votre destin avec joie dans ton coeur.

"Si votre corps ne peut pas endurer, c'est votre foi qui va assurer !"

6. CASQUE DE LA SALVATION

"Seigneur, j'ai espéré ton salut et j'ai accompli tes commandements", Psaumes 118 (119), 166.

La partie la plus faible du corps est la tête, indispensable à la survie de tout le corps. Les traumatismes crâniens sont irréversibles dans la plupart des cas. Les guerriers d'autrefois portaient des casques en métal, avec une petite ouverture devant pour les yeux et la respiration, et un signal indiquant la troupe à laquelle ils appartenaient, généralement une grosse plume colorée, afin d'éviter les fratricides.

Les combattants modernes portent des casques balistiques, capables de protéger la tête des coups d'armes à feu. Qui a utilisé un casque de combat sait à quel point cela dérange, outre la sueur et les maux de tête, et la calvitie possible due à une utilisation prolongée. Mais la tête doit être protégée, car un coup de feu peut provoquer la mort instantanée.

De la même manière, le casque de la salvation protège le combattant à l'endroit où il est le plus vulnérable : les pensées. Il n'est pas facile d'entrer en confrontation directe avec un chrétien déterminé et ferme dans sa foi : ainsi, l'ennemi utilise des moyens indirects, de manière à brouiller les pensées du combattant et à le désorienter.

Comment fonctionne cette tactique ? Aussi appelée guerre de subversion, l'ennemi essaie de créer une rébellion dans l'intimité de la personne, la rendant relative à tout ce qu'il croit, ses valeurs morales, sa culture et ses traditions. De cette façon, le combattant finit par fuir le champ de bataille, il déserte ou demande à quitter son unité (sa famille) et vit errant, sans route sur le monde, et est facilement coopté par les forces adverses.

La propagande de l'ennemi vise à détruire les valeurs qui renforcent la foi du combattant : la corruption et le favoritisme diminuent les valeurs du travail et de l'entrepreneuriat ; l'adultère affaiblit l'importance de la famille, de la paternité et de la maternité ; le mensonge comme moyen de se débarrasser des problèmes ou d'échapper aux responsabilités est présenté comme une solution, alors que l'honneur et la vérité sont vus comme des entraves, des obstacles pour atteindre un objectif ; la stimulation à la consommation exagérée et précipitée fait que la personne convoite de plus en plus les biens matériels, oubliant la charité et l'amour envers les personnes dans le besoin (lorsque la charité a des intentions secondaires, elle devient un échange de faveurs).

L'attaque est aussi très forte par vanité, et sans s'en rendre compte, les hommes et les femmes sont enclins à adorer leur corps comme s'ils étaient des dieux, sacrifiant leur santé et raccourcissant leur durée de vie avec des médicaments et des chirurgies. Se vanter de titres académiques, de postes importants dans des entreprises et des institutions publiques est un exemple de vaine gloire. Et comme si tout cela ne suffisait pas, ceux qui se plient à la vanité ou à la vaine gloire, ne sont pas capables de le mettre en pratique, se font envie et nourrissent leur rage de vols et d'assassinats.

Rien de tout cela n'est nouveau, ce sont des péchés capitaux depuis des millénaires, mais la campagne psychologique de l'ennemi est justement de faire croire à la personne qu'il existe des situations, dans le monde moderne, qui justifient la perpétration de ces péchés. « L'important c'est d'être heureux », « Si je ne prends pas soin de moi, qui le fera ? », « Je me fais un cadeau, je le mérite », « Tout le monde le fait, pourquoi ne le ferais-je pas fais-le?" sont des excuses injustifiables. Cela peut prendre quelques heures ou plusieurs années, la foi du combattant s'épuise en regardant des feuilletons, en lisant des nouvelles à sensation, des films immoraux, des endroits fréquents qui facilitent les relations sexuelles sans compromis, ou en vivant parmi des personnes qui pratiquent ces péchés.

Comment donc le chrétien devrait-il se protéger de ces attaques, qui peu à peu ébranlent leur foi ? Se souvenir de la raison qui régit nos vies. Demandez-vous : pour quelle raison nous battons-nous autant dans ce monde, pour nos vies, pour notre famille ? C'est un combat sans fin pour travailler honnêtement tous les jours, garder la bonne humeur, faire attention à la femme, parler avec les enfants. Apporter de la nourriture à une communauté dans le besoin est un effort de guerre. Visiter un orphelinat est donc une opération de sauvetage d'otages. C'est beaucoup plus facile de pécher. Alors pourquoi tant de lassitude ?

Pour se sauver, bien sûr. Chrétien, ton objectif est d'être sauvé, la vie éternelle. Par conséquent, rappelez-vous que tout ce que vous faites dans cette vie, faites-le en pensant à ce que serait la volonté de Dieu pour vous. Mais soyez honnête avec vous-même, demandez conseil aux personnes qui vous sont proches et à Lui aussi. Je souffre souvent de ce dilemme : mon activité exige que, de temps à autre, je suive les troupes lors de missions, sur des lieux en conflit ou en crise humanitaire, dans le pays ou à l'étranger, afin d'instruire le soldat sur les aspects juridiques de mission (droits de l'homme, droit international des conflits armés, règles d'engagement et normes de conduite) et enquêter sur les cas d'inconduite. Cette activité me remplit le cœur de joie, je me sens utile à la troupe, à la population civile, et surtout à Dieu, car mon activité contribue à restaurer la dignité de l'être humain, bien souvent ignorée à cause de la chaleur de la bataille.

Cependant, lorsque j'aide les autres, je dois sacrifier le temps consacré à ma famille, car je passe plusieurs semaines voire plusieurs mois loin de chez moi. Afin d'atténuer mon absence temporaire, j'essaie de parler au téléphone ou en visio-conférence (en priant aussi), je leur demande d'envoyer des devoirs par e-mail pour que je corrige, je pose des questions sur l'école, on joue devinez quoi. Ils me manquent énormément. Il faut beaucoup de discernement pour comprendre quel est le désir de Dieu pour moi, si je dois aider des personnes flagellées par des guerres ou des catastrophes, ou pour m'acquitter de mes devoirs de mari et de père.

Après beaucoup de prières et de discussions avec un certain nombre de prêtres, d'aumôniers militaires, de collègues chrétiens de l'armée et de ma famille, je suis arrivé à la conclusion que les deux peuvent être la Volonté de Dieu, laissant au soldat la tâche de répartir adéquatement son temps entre le travail et la famille, et en cas d'impasse, la valeur de la famille est plus élevée. Le plus important, cependant, est de suivre votre conscience. Si vous partez en mission juste pour l'argent, ou pour échapper à vos obligations familiales, vous pouvez vous arrêter à ce moment même. Faites une bonne confession, une bonne pénitence dans les flexion des bras et les sauts de kangourou, et revenez lire ce livre depuis le début.

Le casque du salut vous aidera à vous rappeler toujours et en tout lieu quelle est votre mission, faire la Volonté de Dieu, et votre objectif, qui est d'être sauvé. Vous ne pouvez pas laisser la rhétorique de l'ennemi vous frapper. Pendant les missions, nous sommes plus vulnérables émotionnellement, en raison de l'anxiété, du stress au combat, du manque de confort, etc. Sans le casque du salut, il y a les discussions sur les futilités, la jalousie, l'égoïsme, l'arrogance et la mission supérieure (pour sauver votre âme) est compromise, autant que les missions plus modestes (secourir et protéger la population, arrêter les criminels, neutraliser les combattants ennemis).

De nombreux soldats se suicident parce qu'ils sont émotionnellement secoués, des pensées de souffrance et de mort lui tourmentent la tête jour et nuit, les souvenirs de personnes dans la misère absolue, ensevelies sous les décombres ou blessés l'empêchent de dormir. Des collègues se sont suicidés lors d'opérations à l'étranger parce que sa femme a mis fin à la relation et lui a dit par téléphone. Épouses, connaissez bien vos maris avant de prendre des décisions extrêmes comme celles-là. S'ils sont des vagabonds ou des tricheurs désespérés, un divorce n'aura pas un grand impact sur le court terme (les remords viennent avec le temps), et ils ne se suicideront pas. Cependant, s'ils sont de bonnes personnes, craintifs envers Dieu, mais immatures, incapables de protéger leurs émotions, le risque de suicide est beaucoup plus élevé. Il en va de même pour les maris, lorsque la femme est en mission loin de chez elle.

Vous souvenez-vous de tout ce que j'ai écrit dans le premier chapitre, sur la vigilance et ne pas laisser la pollution du monde entrer dans votre tête ? Nettoyez toute cette saleté et remplissez-la de souvenirs de vos familles, des aventures pendant les voyages aux jeux après le dîner. Votre désignation à la mission sera bien reçue par tout le monde. Surtout, rappelez-vous : si vous ne vous battez pas pour votre salvation, alors pourquoi vous battez-vous ?

7. ÉPÉE DE L'ESPRIT

"Ainsi répondrai-je à ceux qui m'opprobre en quoi que ce soit, que j'ai confiance en tes paroles", Psaumes 118 (119), 42.

Depuis l'âge du bronze, les combattants préhistoriques utilisaient des épées de divers formats, tailles et poids. Chaque civilisation a manifesté son propre style, et à cause de cela, le katana japonais est si différent du cimeterre musulman, de l'espadon ibérique ou du glaive romain. Même avec l'invention des armes à feu, l'épée est toujours un symbole du combattant honoré et juste.

La poudre noire, et plus tard les rainures dans le canon, ont changé le champ de bataille. Auparavant, la distance de combat rapproché était de deux mètres, maintenant elle est de deux cents ou plus. Un combattant ne sait souvent pas qui l'a frappé ni d'où, les technologies appliquées au combat ont apporté une impulsion significative au siècle dernier, augmentant la létalité des conflits armés.

Cependant, sont toujours interdits les comportements qui causent des souffrances inutiles ou des dommages excessifs au combattant, comme les munitions explosives ou expansives, les armes laser qui provoquent une cécité permanente, les mines terrestres antipersonnel. Les armes chimiques, biologiques et radiologiques sont également interdites, car elles ne font pas de distinction entre les cibles légitimes (combattants) et les autres (population civile).

L'usage de l'épée (ou du fusil, de nos jours) est le métier du combattant. Tous les entraînements et équipements lui sont adaptés pour utiliser son arme dans les meilleures conditions, visant à neutraliser l'ennemi. C'est pourquoi l'étape la plus importante de l'entraînement est l'utilisation de l'arme. Montage, démontage, entretien, réglage, utilisation du réticule, tir sans viser, tir en position couchée, à genoux, debout, chargement, changement d'arme au combat, progression, recouvrement et abri, tir avec lunettes de vision nocturne, avec lunette, vision thermique, traçage ou munitions perçantes, c'est le quotidien du combattant, y compris du combattant chrétien. Au combat, le fusil est la petite amie, il faut en prendre bien soin, le protéger, toujours à l'épaule même pour prendre une douche, il doit dormir embrassé au fusil comme à une femme, mais le garder enfermé afin d'éviter une prise de vue accidentelle (cela s'applique également aux rencontres avant le mariage... pas de prise de vue accidentelle, compris ?)

Y a-t-il un doute sur l'Epée de l'Esprit, guerrier ? Le combattant doit le connaître dans les moindres détails, comment il fonctionne, combien il pèse, comment le charger, le calibre, le nombre de cartouches sur le clip. Vous ne pouvez pas quitter la maison sans elle. En mission, le combattant doit l'utiliser avec beaucoup de prudence, afin de neutraliser les cibles positivement identifiées, et de ne pas gaspiller de cartouches. Saint Paul a écrit à la fin, l'Epée de l'Esprit est la Parole de Dieu. Avez-vous compris où c'est ? Sur la Sainte Bible, où d'autre ?

Choisissez votre Bible avec soin. Très soigneusement. Pour de brèves consultations, vous pouvez utiliser un appareil électronique, mais pour étudier et engager un combat, il est important d'en avoir un en papier, qui ne manque pas, ne se casse pas, ne dépend pas de l'énergie et puisse recevoir vos commentaires. Les bibles chrétiennes sont différentes de celles utilisées par les protestants, celles-ci n'ont pas les livres de Tobias et Judith, par exemple. De plus, certaines traductions dans votre langue ont des variantes. J'utilise toujours la Bible Ave-Maria et aussi le CNBB. Ne considérez jamais les textes bibliques provenant de sites Internet peu fiables.

La Parole de Dieu est une arme valeureuse pour combattre l'ennemi. Premièrement, c'est beaucoup plus puissant que des mots et des gestes basés uniquement sur votre raison et votre intellect. De plus, sa portée est beaucoup plus longue, la Parole de Dieu est le seul moyen d'ouvrir une brèche sur les cœurs endurcis par le péché. Gardez à l'esprit que l'ennemi n'est pas ce pauvre pécheur, mais le diable agissant à travers lui. La victoire du Christ est contre le péché, et c'est contre cet ennemi que nous combattons, pour montrer la vérité à un pécheur et permettre que Dieu agisse en ce pécheur.

La Bible ne doit pas être simplement lue, ou étudiée comme si c'était un livre scolaire. La bonne compréhension des textes bibliques requiert une attitude de prière. Avant toute chose, commencez par le signe de croix et une louange, parlée ou chantée. Si vous ne connaissez pas les chants de louange, lisez un psaume et cherchez de la musique gospel à écouter quotidiennement. Commencez par les Évangiles, puis les Lettres des Apôtres, un chapitre par jour. Lisez une fois, réfléchissez-y, relisez. Écrire un journal spirituel aide beaucoup.

"Là où deux ou plus seront rassemblés en mon nom, je serai là". La Parole doit être partagée pour prendre effet. Par conséquent, le combattant doit commencer à parler de Dieu avec sa femme, puis les enfants, s'élargir à des parents, des collègues proches, mais toujours très humblement. Vous ne devez rien dire par votre propre intelligence, mais par l'action du Saint-Esprit à travers vous.

L'épée de l'esprit ne se maintient que si tous les autres éléments de l'armure sont en bon état. Parler de la vie et des enseignements de Jésus tout en gardant une vie corrompue et promiscuité est un discours creux, qui peut finir par convaincre les plus désespérés, mais c'est loin de Dieu. D'ailleurs, votre dialogue avec Dieu doit être continu, chaque jour et chaque heure sont appropriés pour parler à Dieu et écouter ce qu'Il a à dire.

La Parole de Dieu ne se manifeste pas seulement en parlant ou en écrivant. Chaque geste, attitude ou travail que montre le combattant est un témoignage chrétien dans la vie. Plus que d'être poli avec tout le monde, sans distinction de classe sociale ou de profession, le combat que les disputes chrétiennes englobent consiste à éviter les collègues de travail qui ne parlent que des langages grossiers ou de la pornographie, à cesser d'utiliser des produits contrefaits, mais aussi à respecter le code de la route et faveurs indues.

J'écris quelques exemples de la façon dont l'ennemi fait des incursions pour essayer de frapper le combattant. Quand j'écrivais ce livre, j'ai montré le brouillon à un collègue chrétien en treillis, et il m'a dit que son contenu était très fort, j'exposerais les problèmes de nombreux soldats. La réponse est venue comme un coup de feu : « Béni sois-tu quand ils t'insulteront et te persécuteront, à cause de moi ». Menace neutralisée et confirmation que je suis sur la bonne voie.

Lors des soirées, je refuse toujours toutes sortes de boissons alcoolisées, et dans les restaurants, nous ne demandons que des assiettes saines (pizza au brocoli, jus d'orange à la carotte). Lorsqu'on me demande pourquoi, je réponds que « mon corps est le Temple du Saint-Esprit ». Je n'ai besoin d'aucune substance artificielle dans mon cerveau pour être heureux. Parce que je ne regarde pas les feuilletons ni ne lis les magazines à potins, aux commentaires à ce sujet je réponds : « les yeux sont la lumière du corps » ; si je ne consomme pas d'ordures avec la bouche, pourquoi les consommerais-je avec les yeux et les oreilles ?

Quand quelqu'un me demande pourquoi je ne crie pas, ne prononce pas de langage grossier ou de jurons, à Dieu ou non, je lui dis que « Ce qui entre dans la bouche de quelqu'un ne souille pas un homme, mais ce qui sort de sa bouche, c'est ce qui les souille ». Ceci est apparemment en contradiction avec le précédent, pensez-y et vous comprendrez en les utilisant.

Quand quelqu'un me demande pourquoi je me porte volontaire pour des missions de paix, entre autres missions militaires, à la frontière ou dans des ghettos, même avec tous les dangers et malaises, je réponds en même temps : « Heureux les artisans de paix, car ils seront appelés fils de Dieu ". Même ma famille ne peut pas comprendre pourquoi je reste loin d'eux pendant des semaines, risquant ma vie pour des inconnus et plusieurs fois ingrats, égoïstes et exploiteurs. Beaucoup d'entre eux n'ont jamais entendu parler de Jésus, ou ne croient pas en Lui.

Parfois, ils me demandent pourquoi j'ai une voiture commune, une maison commune, je vais au travail à vélo même quand il pleut, je n'ai pas de smartphone tout neuf et je ne porte pas de vêtements de marque, la réponse est « personne ne peut servir deux maîtres , ceux qui servent dieu l'argent ne peut pas servir Dieu". répondez simplement que "ceux qui s'humilient seront élevés, et ceux qui s'élèvent seront abaissés". Enlève la poutre de ton œil avant d'enlever la paille de l'œil de ton frère".

Plusieurs fois les gens ont essayé de me montrer des images pornographiques au lodge, mais je leur dis que « ceux qui désirent une autre femme, même dans son cœur, ont déjà commis l'adultère ». Et quand ils sous-entendent que ma femme me patronne trop, je retourne le feu avec « aimez vos femmes comme le Christ a aimé son Église », c'est-à-dire avec un sacrifice extrême.

Ils m'ont aussi dit que je méritais un meilleur travail, que j'ai la qualification pour gagner beaucoup plus, sans avoir à supporter un fardeau aussi lourd. Je réponds que « je dois fleurir là où Dieu m'a planté ». S'ils commencent à gonfler mon ego de louanges, qu'elles soient vraies ou fausses, je réponds que "heureux les humbles, car ils hériteront la terre".

Lorsque je défends le respect de la dignité de l'être humain dans les opérations, à travers les Règles d'Engagement, les normes *jus cogens* des Droits de l'Homme et/ou le Droit International des Conflits Armés, je reçois de certains énervés l'étiquette de roue désunie , traître. La réponse est claire : "Heureux ceux qui sont persécutés à cause de la justice, car le Royaume des Cieux est à eux". "Heureux ceux qui ont soif de justice, car ils seront rassasiés".

Lorsqu'ils parlent de dissolution de mariage, je réponds promptement que « ce que Dieu a uni, que l'homme ne le sépare pas ». S'ils n'ont pas célébré leur mariage à l'Église, ou ont des relations éphémères différentes, je dis que « celui qui se à ses passions, comme le cheval et l'âne, le diable a le pouvoir".

Lorsqu'ils ont mis en échec ma foi en Jésus-Christ, l'Église catholique et en Notre-Dame, je me souviens des paroles de Jésus à saint Thomas : « Heureux ceux qui croient sans me voir ». Si quelqu'un se met à marmonner sur la corruption, la chaleur, la circulation, le froid, la pluie, les files d'attente, les dettes, le travail, les investissements, je dis que "cherchez d'abord le Royaume de Dieu et sa justice, et toutes ces choses vous seront ajoutées".

Il ne sert à rien de copier et de répéter ce que moi ou quelqu'un d'autre a dit. Comprenez ceci : ce n'est pas moi qui parle, mais l'épée du Saint-Esprit qui parle à travers moi. Pour ma propre force je ne le ferais pas, la persécution et l'humiliation sont très fortes, la peur, la honte et la concupiscence me feraient hausser les épaules et me taire. J'ai besoin d'être authentique, ou il vaut mieux ne rien dire.

Encore un exemple : quand on me demande ce que j'obtiens avec tout ça, quel est le gain, quel est l'avantage, je réponds : « Ne laissez pas ma main droite connaître la charité que fait votre main gauche. Alors Ton Père, qui voit ce qui se fait en secret, te récompensera de trésors au Ciel". Le sentiment du devoir accompli vaut plus que n'importe quelle étoffe ou avantage. D'ailleurs, je suis très heureux de garder l'anonymat. Quand je disparais, le L'œuvre de Dieu apparaît.

8. L'HEURE DU COMBAT

"Si le monde te hait, garde à l'esprit qu'il m'a d'abord haï. Si tu appartenais au monde, il t'aimerait comme le sien. Tel qu'il est, tu n'appartiens pas au monde, mais je t'ai choisi parmi le monde. C'est pourquoi le monde vous hait. Souvenez-vous de ce que je vous ai dit : " Un serviteur n'est pas plus grand que son maître. S'ils m'ont persécuté, ils vous persécuteront aussi. S'ils ont obéi à ma parole, ils obéiront aussi à la vôtre. Ils vous traiteront ainsi à cause de mon nom, car ils ne connaissent pas celui qui m'a envoyé. Si je n'étais pas venu leur parler, ils n'auraient aucun péché, mais maintenant ils n'ont aucune excuse pour leur péché. Si je n'avaient pas fait parmi eux des œuvres que personne d'autre n'a faites, ils n'auraient pas péché, mais maintenant ils m'ont tous deux vu et haï moi et mon Père aussi. Mais c'est pour accomplir ce qui est écrit dans leur loi : ils m'ont haï sans raison ". Jean 15, 18 à 25.

Combattant, vous pouvez apporter la Lumière du Monde là où elle est nécessaire. Ne cachez pas votre capacité à vous sanctifier vous et votre famille, et aussi à ramener les brebis égarées du Seigneur dans le troupeau. Jésus est le Bon Pasteur. Il connaît ses brebis par leur nom, et elles reconnaissent sa voix. Le Bon Pasteur donne sa vie à ses brebis. Suivez Son exemple. « Renonce à toi-même, prends sa croix et suis-moi ».

Le combattant chrétien craint Dieu et personne d'autre. Cependant, écoutez l'opinion des parents et amis chrétiens, notre discernement n'est pas toujours bien réglé. En tant que chef de famille, vous êtes le chef, le premier à sauter de l'hélicoptère, le premier à débarquer, le premier à affronter l'ennemi. Qui aime être le premier à sauter en parachute en chute libre la nuit ? Relâchez-vous à Dieu de tout votre corps et de toute votre âme. "Tiens la main de Dieu et va".

Pendant l'année scolaire, j'étais très timide, je parlais peu, j'avais juste quelques amis. Parce que je n'ai pas bu ni prononcé de mots grossiers, ils ont produit un tintement où j'ai joint les mains, prié et dit Amen. Ils connaissaient à peine mon enfance pleine de pornographie, de mensonges et de faire semblant. Juste un exemple : quand j'avais sept ans, j'ai réussi à tromper ma mère pour qu'elle fasse les devoirs de maths à ma place, et le professeur l'a découvert parce que son écriture est beaucoup plus belle que la mienne. Il y avait beaucoup de péchés non confessés et beaucoup de blessures non résolues, mais tout a été gardé. Quand j'ai quitté le collège, j'ai traversé des moments de tentation intense, de tout mettre en pratique.

Au fur et à mesure que je me rapprochais de Dieu, la tentation augmentait de plus en plus. Quels étaient mes points faibles ? D'abord, le fait que j'ai toujours vu le segment féminin comme un objet de consommation, depuis mon enfance. Mon temps de rencontres et de fiançailles n'était pas le moins saint, et j'ai fini par apporter tous ces comportements au mariage. Le manque de dialogue et d'empathie ont toujours été le moteur des discussions. Tout ce péché était accumulé, je n'avais pas le courage de le mettre en pratique ni de le confesser.

Plusieurs personnes m'ont aidé à sortir du cercle vicieux du péché, mais la plus importante était ma femme, qui m'a appris la valeur de travailler et d'étudier, puis j'ai arrêté de traîner et j'ai étudié avec dévouement toutes les matières du collège, puis pour les concours d'emploi publics . Ma vaine gloire était partie, je me suis excusé pour tout, même pour des choses dont je n'étais pas coupable. Ma paresse et ma vanité ont fait place à de nombreux travaux, en tant qu'assistant maçon, professeur d'anglais, avocat et enfin soldat. Il ne restait que la gourmandise et la luxure, celles que je considère les plus difficiles.

Lentement, j'ai appris à jeûner. Mon premier jeûne était d'édulcorant, pendant le Carême. Ce n'était pas le moins facile de boire quelque chose d'amer. Je l'ai tellement aimé qu'aujourd'hui je bois avec plaisir du café noir avec du jus de citron. Plus tard, il y eut d'autres jeûnes pendant le Carême, du riz, du lait, toujours soigneusement remplacés par d'autres ayant une valeur nutritionnelle similaire. Quelques fois j'ai fait le jeûne du déjeuner, mais ce n'était pas facile de faire le trajet domicile-travail-maison à vélo en jeûnant, j'ai péché par la suite en mangeant trop.

La pénitence est différente du jeûne. Les deux sont une mortification du corps, mais le jeûne est l'absence de manger, et la pénitence est un effort du corps (aller à la gym n'est pas une pénitence !). C'est similaire au repas prêt-à-manger ou à la ration de champ : si vous mangez, c'est la pénitence ; sinon, c'est le jeûne.

La pénitence pour vaincre la luxure était plus difficile. Il fallait la fin de la pornographie et de la masturbation, après la confession et la réconciliation. Ma femme a eu beaucoup de patience avec moi, comme j'en ai eu avec elle. C'était un effort commun pour redécouvrir le caractère sacré du mariage, en particulier la fertilité. Fini la vasectomie ni les contraceptifs, nous utilisons la méthode Billings. Nous avons eu la chance d'avoir deux filles, et si nous en avons plus, ce sera une bénédiction. « Quiconque accueille un petit enfant comme celui-ci m'accueille ». Si le mariage n'est pas ouvert à la vie, à travers les enfants, il n'est pas non plus ouvert à Dieu.

L'engagement dans la bataille spirituelle peut se produire n'importe quand, n'importe où. Un jour, je sortais de la boulangerie et j'ai trouvé deux garçons qui demandaient de l'argent, disant qu'ils avaient faim et qu'ils voulaient manger quelque chose. Je les ai déjà vus, fumer autre chose que des cigarettes à filtre, devant l'église voisine. Je n'avais aucun doute. "Je vous ai vu prendre de la drogue juste là, et maintenant vous me demandez de l'argent ?" Ils ont nié avec véhémence. "Débarrassez-vous de la drogue, ils vous tuent". Je ne les ai jamais revus, à la boulangerie ou en train de fumer devant l'église. Coup de tête sur l'ennemi.

À plus d'une occasion, j'ai vu des gens jeter du papier usagé par terre. J'ai pris le papier, je suis allé vers eux et leur ai dit : "Vous avez laissé tomber ce papier". C'était une bonne occasion de faire l'expérience de l'amour du prochain. Malgré le fait qu'ils avaient honte d'être surpris en train de faire quelque chose de mal, je leur ai donné l'opportunité de se racheter. S'ils jetaient encore le papier par terre, cela m'est égal.

Choisissez bien qui vous allez servir. "Car celui qui veut sauver sa vie la perdra, mais celui qui la perdra pour moi la retrouvera". Nous sommes dans ce monde, avec tous les problèmes à l'intérieur de nous, le péché. et ce n'est pas à nous de juger les péchés des autres. "Avec la mesure que vous utilisez, elle vous sera mesurée".

Vous n'êtes pas là pour juger, mais pour aider à faire sauver. De cette façon, vous serez sauvé. Simple comme ça, comme tout ce que Dieu doit être.

CONCLUSION

"Les onze disciples se rendirent en Galilée, sur la montagne où Jésus leur avait ordonné. Lorsqu'ils le virent, ils l'adorèrent, mais certains doutèrent. Alors Jésus vint vers eux et leur dit : Allez, faites de toutes les nations des disciples, les baptisant au nom du Père, du Fils et du Saint-Esprit, et enseignez-leur à obéir à tout ce que je vous ai commandé. fin du monde" Matthieu 28, 16 à 20.

Le chrétien n'est pas de ce monde, n'appartient pas à ce monde. Croire en Jésus et suivre sa Parole est considéré comme de la folie par ceux qui vivent selon les règles du monde. Cette sorte de combattant spirituel rejoint un détachement chargé d'accomplir une mission, déterminée par Dieu en raison de son amour pour sa création. Nous sommes tous des soldats aux ordres de Notre-Seigneur Jésus-Christ, chacun dans son savoir-faire, mais en gardant toujours à l'esprit la mission.

Peut-être avez-vous pu vaillamment arriver ici, lecteur, mais vous pouvez encore avoir des doutes sur cette position plus active du catholique par rapport au monde qui l'entoure, la nécessité de s'engager dans le combat spirituel. Ne vous conformez pas à ce monde, mais soyez transformés par le renouvellement de votre esprit, écrivait saint Paul aux Romains.

Saint Pie X, dans son Catéchisme, le dit encore plus clairement : "La Confirmation, ou Chrême, est un sacrement qui nous donne l'Esprit Saint, imprime dans nos âmes **la marque d'un soldat de Jésus-Christ**, et fait de nous des chrétiens parfaits" (Catéchisme, 575). Ne saviez-vous pas ? Trop tard, maintenant vous le faites. Confirmés comme de véritables chrétiens, nous recevons les dons du Saint-Esprit, l'appui-feu nécessaire à la bataille contre notre seul ennemi.

Le sceau spirituel qu'apporte la Confirmation est riche de signification : c'est un signe d'abondance, de joie, de purification et de beauté, mais aussi d'agilité (onction des athlètes et des combattants) et de guérison (elle soulage les bleus et aide à cicatriser les blessures) (CIC, 1293).

Chacun des dons infusés de l'Esprit Saint est intimement lié à une vertu humaine (disposition habituelle et forte à faire le bien, c'est pourquoi il est essentiel de toujours pratiquer la vertu (cela ne dépend que de vous) et dans les moments difficiles l'Esprit Saint agit en faisant l'impossible à partir du moment où l'on fait tout son possible, c'est comme quand on rame en pleine mer et qu'à l'arrivée d'un requin, un vent violent se met à vous pousser à atterrir.Ci-dessous se trouvent les vertus et dons respectifs, et une très courte explication :

Vertu de la Foi – Don de Compréhension

Saint Thomas d'Aquin, à l'âge de six ans, a demandé à un prêtre : « Qui est Dieu ? », « Vous n'avez pas besoin de comprendre », répond le prêtre, « il s'agit de la foi ». "Mais c'est justement parce que j'ai foi en Dieu que je veux le comprendre"

Dans la doctrine catholique, la vertu de foi et le don d'intelligence sont des concepts complémentaires, mais présentent des différences importantes. La foi, vertu théologale, est une disposition habituelle qui nous conduit à croire en Dieu et en tout ce qu'il a révélé. C'est une réponse libre de l'être humain à la révélation divine, qui nous permet de croire aux vérités que la raison seule ne peut pleinement saisir.

D'autre part, le don d'intelligence est l'un des dons du Saint-Esprit. Il nous accorde la capacité de comprendre plus profondément les vérités révélées par Dieu. Tandis que la foi nous conduit à croire, le don d'intelligence nous aide à comprendre ces vérités plus clairement et plus profondément, facilitant une relation plus intime avec Dieu et une meilleure compréhension de sa volonté.

En bref, la vertu de foi est la disposition habituelle à croire en Dieu, tandis que le don d'intelligence est une grâce qui nous aide à mieux comprendre ces vérités. Tous deux sont essentiels à la vie chrétienne: la foi nous soutient dans l'espérance et la confiance, et le don d'intelligence approfondit cette relation, nous permettant de mieux connaître Dieu et son œuvre.

Vertu d'Espérance – Don de Connaissance

"Attends, oh mon âme, attends. Ignore le jour et l'heure (...) plus tu luttes, plus tu prouveras l'amour que tu as à ton Dieu et plus tu seras joyeux un jour avec ton Bien-aimé, dans un tel bonheur et une telle excitation qui ne peut jamais finir", Sainte Thérèse de Jésus (d'Avila)

La vertu d'espérance est l'une des trois vertus théologales, avec la foi et la charité. C'est une disposition habituelle qui nous pousse à désirer et à espérer avec confiance la vie éternelle et les promesses de Dieu. Selon la doctrine catholique, l'espérance soutient le cœur du chrétien, même face aux difficultés et à la souffrance, car il croit en la fidélité de Dieu et à l'accomplissement de ses promesses.

Cette vertu n'est pas seulement un sentiment d'optimisme, mais une ferme confiance que, par la grâce de Dieu, nous pouvons atteindre le salut et la plénitude de la vie. L'espérance motive le chrétien à persévérer dans la foi, à rechercher la sainteté et à rester ferme face à l'adversité, toujours confiant en la miséricorde divine.

D'autre part, le don de la connaissance est l'un des dons du Saint-Esprit qui permet au croyant de connaître les vérités de Dieu et de sa création. Ce don ne se réfère pas seulement à la connaissance intellectuelle, mais à une compréhension profonde et spirituelle des réalités divines et humaines, qui conduit à l'admiration et à l'amour de Dieu.

Le don de la connaissance aide les chrétiens à discerner le vrai, le bon et le beau, guidant leurs actions et leurs décisions selon la volonté de Dieu. Il éclaire l'esprit, permettant aux croyants de percevoir la présence de Dieu dans le monde et dans leur propre vie, favorisant ainsi une compréhension plus large du mystère divin.

Bien que distinctes, la vertu d'espérance et le don de la connaissance se complètent sur le cheminement spirituel. L'espérance apporte la motivation et la confiance nécessaires pour persévérer dans la foi, même sans comprendre pleinement les mystères de Dieu. Elle soutient le cœur du chrétien dans sa quête du salut.

Le don de la connaissance offre une connaissance qui approfondit cette espérance, clarifiant les vérités divines et renforçant la foi par la compréhension. Tandis que l'espérance maintient le regard fixé sur l'avenir et la promesse de Dieu, le don de la connaissance aide à percevoir la présence de Dieu dans le présent, nourrissant la confiance et l'amour.

Dans la doctrine catholique, la vertu d'espérance et le don de la connaissance jouent un rôle essentiel dans la vie des chrétiens. L'espérance est le fondement qui soutient la confiance en la miséricorde divine, tandis que le don de la Connaissance éclaire l'esprit, permettant une compréhension plus profonde du mystère de Dieu. Ensemble, ils conduisent les fidèles à une relation plus pleine et plus consciente avec le Créateur, favorisant un cheminement de foi fondé sur la confiance et la connaissance.

Vertu de Charité – Don de Sagesse

"Si nous nous éloignons du mal à cause du châtiment, nous sommes des esclaves ; si nous cherchons le bien pour la récompense, nous sommes des mercenaires ; si c'est pour le bien en soi, et pour l'amour de qui nous commande d'obéir, alors nous sommes dans la situation d'enfants", Saint Basilio

Dans la vie spirituelle du chrétien, la recherche d'une union plus profonde avec Dieu et avec les autres est soutenue par diverses vertus et dons du Saint-Esprit. Parmi ceux-ci, la vertu de charité et le don de sagesse se distinguent. Bien qu'ayant des fonctions distinctes, ils se complètent sur le chemin de la foi, aidant le croyant à aimer et à comprendre véritablement le mystère de Dieu.

La vertu de charité, aussi appelée amour, est considérée comme la plus grande des vertus théologales. C'est une disposition habituelle qui conduit le chrétien à aimer Dieu par-dessus tout et son prochain comme lui-même. Selon la doctrine catholique, la charité est l'amour qui se manifeste par des actions concrètes, recherchant le bien d'autrui sans attendre de récompense.

La charité est au cœur de la vie chrétienne, car elle reflète l'amour de Dieu pour nous et nous invite à aimer de manière désintéressée. Elle se manifeste par la miséricorde, la compassion, la patience et le don de soi pour les autres. Cette vertu transforme notre mode de vie, devenant une expression de l'amour divin dans la pratique quotidienne.

D'autre part, le don de Sagesse est l'un des dons du Saint-Esprit qui nous permet de percevoir et d'apprécier les choses de Dieu avec une compréhension profonde. Il nous aide à voir la réalité à la lumière de la foi, à reconnaître la présence de Dieu en toute chose et à apprécier le vrai, le bon et le beau.

La sagesse ne se limite pas à la connaissance intellectuelle, mais implique une expérience d'amour et d'union avec Dieu. Elle nous conduit à une compréhension plus profonde du mystère divin, nous aidant à discerner ce qui est le plus important dans la vie et à guider nos actions selon la volonté de Dieu.

Bien que distincts, la vertu de charité et le don de Sagesse sont intrinsèquement liés dans la vie du chrétien. La charité est l'amour qui se manifeste par des actions concrètes, tandis que la sagesse est la compréhension qui nous aide à aimer plus profondément et plus sincèrement.

La sagesse éclaire l'esprit, nous permettant de percevoir la présence de Dieu en tout ce qui nous entoure, éveillant en nous un amour plus authentique et plus désintéressé. La charité nous conduit à mettre cet amour en pratique, en vivant d'une manière qui reflète l'amour de Dieu pour toute l'humanité.

Dans la doctrine catholique, la vertu de charité et le don de sagesse sont essentiels à une vie de foi pleine et authentique. La charité nous apprend à aimer véritablement, tandis que la sagesse nous aide à comprendre l'amour de Dieu et à le mettre en pratique dans nos actions. Ensemble, ils forment un chemin de croissance spirituelle, conduisant le chrétien à une union plus profonde avec Dieu et avec les autres, fondée sur l'amour véritable et la compréhension du mystère divin.

Vertu de Prudence – Don de Conseil

"Le prudent réfléchit à ses pas" Proverbes 14,15

L'Église enseigne que nous possédons des vertus et des dons du Saint-Esprit qui nous aident dans notre pèlerinage terrestre. Parmi eux, la vertu de prudence et le don de conseil. Bien qu'ayant des fonctions distinctes, ils œuvrent ensemble pour guider nos actions et nos décisions, favorisant une vie plus conforme à l'amour et à la volonté de Dieu.

La prudence est l'une des vertus cardinales, considérée comme essentielle à la vie morale du chrétien. C'est la capacité de discerner ce qui est juste et d'agir avec bon sens, prudence et justice. Selon la doctrine catholique, la prudence nous aide à évaluer les circonstances, à peser les conséquences de nos actions et à choisir la meilleure voie à suivre.

Cette vertu est comme un phare qui éclaire nos décisions, prévenant les impulsions et les actes précipités. Elle nous encourage à réfléchir, à demander conseil si nécessaire et à agir avec modération, en recherchant toujours le bien commun et la volonté de Dieu. La prudence est donc une vertu qui nous accompagne dans tous les domaines de la vie, nous aidant à vivre de manière responsable et sage.

D'autre part, le don de conseil est l'un des dons du Saint-Esprit qui nous guide particulièrement dans la prise de décision. Il nous aide à discerner la volonté de Dieu pour nos vies, nous offrant une guidance intérieure qui nous guide vers des choix qui favorisent le bien spirituel et moral.

Le conseil n'est pas une simple opinion, mais une aide divine qui nous guide vers la prudence, l'amour et la justice. Il nous permet d'entendre la voix de Dieu dans notre cœur, de rechercher conseil dans la prière, dans l'Église et dans la communauté, et de prendre des décisions conformes aux valeurs de l'Évangile. Ainsi, le don de conseil est une lumière qui éclaire le chemin, surtout dans les moments de doute ou de difficulté.

Bien que distinctes, la vertu de prudence et le don de conseil se complètent dans la vie du chrétien. La prudence est la vertu qui nous prépare à agir avec sagesse, tandis que le don de conseil est la guidance divine qui nous aide à choisir le meilleur chemin selon la volonté de Dieu.

La Prudence nous donne la capacité d'évaluer les situations avec maturité, tandis que le Conseil nous aide à discerner quelle décision est la plus conforme au plan de Dieu pour nos vies. Ensemble, ils forment un duo puissant qui nous conduit à des actions sages, justes et pleines d'amour.

Sur le chemin de la foi, la Vertu de Prudence et le Don de Conseil sont essentiels pour vivre de manière responsable et en accord avec la volonté de Dieu. La Prudence nous apprend à agir avec sagesse et responsabilité, tandis que le Conseil nous guide à discerner la volonté de Dieu dans nos choix. Lorsqu'ils travaillent ensemble, ils nous aident à prendre des décisions qui favorisent le bien spirituel, renforçant ainsi notre relation avec Dieu et avec les autres. Puissions-nous toujours rechercher cette sagesse divine pour marcher avec confiance et amour sur le chemin du Seigneur.

Vertu de Justice – Don de Piété

"Maîtres, donnez à vos esclaves ce qui est juste et équitable, car vous savez que vous avez aussi un Maître au ciel", Colossiens 4,1

Dans la vie chrétienne, rechercher la perfection morale et l'union avec Dieu implique la pratique des vertus et la réception des dons du Saint-Esprit. Parmi celles-ci, la vertu de justice et le don de piété se distinguent. Bien qu'ayant des fonctions distinctes, tous deux sont essentiels à une vie de foi authentique, favorisant l'amour, la miséricorde et l'harmonie dans les relations humaines et avec Dieu.

La justice est l'une des vertus cardinales, considérée comme fondamentale dans la vie morale du chrétien. Elle consiste à donner à chacun ce qui lui est dû, à promouvoir l'équité, l'honnêteté et le respect des lois et des droits d'autrui. Selon la doctrine catholique, la justice est le fondement des relations humaines, car elle garantit que les actions sont guidées par la vérité, la justice sociale et la solidarité.

Pratiquer la justice signifie agir avec intégrité, défendre les droits d'autrui et promouvoir le bien commun. Cette vertu nous invite à être justes dans nos attitudes, à respecter les différences et à toujours rechercher l'équité, reflétant l'amour de Dieu dans notre vie quotidienne.

D'autre part, le don de piété est l'un des dons du Saint-Esprit qui nous conduit à une relation filiale et aimante avec Dieu. Elle nous aide à reconnaître Dieu comme notre Père aimant et à développer une attitude de révérence, de respect et de dévotion. La piété nous incite à aimer Dieu de tout notre cœur, avec sincérité et gratitude, et à manifester cet amour par des actes de miséricorde et d'attention envers autrui. Elle nous incite également à cultiver une attitude d'humilité, de confiance et de gratitude, reconnaissant la présence de Dieu dans nos vies et dans celles des autres. C'est une vertu qui nous pousse à vivre avec un cœur rempli d'amour et de révérence, favorisant l'harmonie entre notre relation avec Dieu et avec notre entourage. Bien que distincts, la vertu de justice et le don de piété se complètent sur le chemin de la foi. La justice garantit que nos actions sont justes et équitables, favorisant le respect et le bien commun. La piété, quant à elle, nous aide à cultiver une relation d'amour et de révérence avec Dieu, qui se manifeste également par l'attention et la miséricorde envers autrui. La justice sans miséricorde peut devenir froide ou impersonnelle, tandis que la miséricorde sans justice peut se transformer en sentimentalisme ou en complaisance. Ensemble, ces vertus et ces dons forment un équilibre qui nous pousse à agir avec droiture, amour et miséricorde, reflétant le cœur de Dieu dans nos vies.

Dans la doctrine catholique, la vertu de justice et le don de piété sont essentiels à une vie épanouie, en accord avec la volonté de Dieu. La justice nous guide vers l'équité et l'intégrité, tandis que la miséricorde nous conduit à aimer et à révérer Dieu et notre prochain. Cultivées ensemble, ces vertus nous aident à vivre avec responsabilité, amour et miséricorde, construisant une société plus juste et un cœur plus empli d'amour divin. Puissions-nous toujours rechercher cette harmonie pour cheminer avec foi, espérance et amour.

Vertu de Courage – Don de Force

"Le Seigneur est ma force et mon chant", Psaumes 118,14

« Dans ce monde, vous aurez des tribulations, mais rassurez-vous : j'ai vaincu le monde » Jean 16,33

La tempérance est l'une des quatre vertus cardinales et désigne la maîtrise rationnelle des désirs et des passions, favorisant ainsi l'équilibre des actions humaines. Selon saint Thomas d'Aquin, elle modère les plaisirs sensuels, aidant l'individu à éviter les excès et à rechercher la modération dans tous les aspects de la vie (Somme théologique, II-II, q. 141).

En pratique, la tempérance se manifeste par la capacité à profiter des biens créés par Dieu sans se laisser dominer par eux. Elle favorise une vie équilibrée, favorisant la santé physique, mentale et spirituelle. Pour les catholiques, cette vertu est fondamentale pour vivre une existence harmonieuse, en accord avec la volonté de Dieu.

D'autre part, le don de la crainte de Dieu est l'un des sept dons du Saint-Esprit mentionnés dans le livre d'Isaïe (11, 2-3). Il ne faut pas le confondre avec la crainte servile ou la terreur ; c'est un sentiment de révérence et de filiation envers Dieu, reconnaissant sa grandeur, sa sainteté et son autorité.

Le don de la crainte de Dieu conduit les fidèles à éviter le péché par amour et respect pour le Seigneur, favorisant une relation de confiance et de soumission volontaire à sa volonté. Il soutient la vie morale en éveillant dans le cœur du croyant un profond sens des responsabilités devant Dieu.

Bien que distinctes par nature – l'une étant une vertu morale acquise par l'effort humain (vertu cardinale) et l'autre un don accordé par le Saint-Esprit – toutes deux sont essentielles à la croissance spirituelle.

La tempérance se cultive par l'exercice des vertus humaines et divines ; le don de la crainte est un don gratuit du Saint-Esprit. La tempérance aide à modérer les désirs mondains ; le don de la crainte favorise une attitude respectueuse qui évite le péché par amour pour Dieu. La tempérance agit dans la sphère des appétits sensuels et des biens matériels ; le don de la crainte agit dans la disposition intérieure au respect et à la soumission à la volonté divine.

Dans la vie chrétienne pleine et entière, ces deux réalités se complètent. La tempérance offre les moyens pratiques de maîtriser les passions humaines, tandis que le don de crainte entretient dans le cœur la conscience de la présence et de la puissance infinie de Dieu. Ensemble, ils aident les fidèles à éviter les excès et les attitudes qui pourraient les éloigner de Dieu.

La vertu de tempérance et le don de crainte de Dieu représentent deux piliers essentiels de la formation morale du chrétien catholique. Si l'une favorise l'équilibre dans les actions humaines, l'autre entretient une relation filiale avec Dieu fondée sur le respect révérencieux. Le développement de ces qualités contribue à une vie plus sainte et harmonieuse, en accord avec les enseignements divins.

Vertu de Tempérance – Don de Craindre Dieu

"N'allez pas après vos convoitises, mais abstenez-vous de vos appétits",
Ecclésiastique 18, 30

Détail important : les vertus doivent être utilisées ensemble, sinon aucune ne tient. Comme l'écrivait G.K. Chesterton, si les vertus sont isolées, elles deviennent folles. Figurez-vous pratiquer des actes de courage sans prudence, ou faire la justice sans tempérance, ou travailler à la charité sans attache à la foi et à l'espérance...

Conclusion : quelles sont les caractéristiques du combattant ? Selon les prescriptions de l'art. 3e des Conventions de Genève concernant les prisonniers de guerre, pour être considéré comme un combattant, la personne doit remplir les conditions suivantes :

1. Faisant partie d'une chaîne de commandement, dans notre cas, la chaîne de commandement est la Sainte Trinité, le Saint-Père le Pape, les cardinaux, les évêques, les prêtres, les diacres et les laïcs, et elle peut également inclure un coordinateur de votre groupe de prière et votre ministère ou pastorale.

2. Utiliser un signe distinctif, afin de se distinguer de la population, indispensable pour que les combattants sachent à quelle troupe ils appartiennent. Il peut s'agir d'une médaille, d'un scapulaire, d'un pendentif ou encore d'une bague ou d'un bracelet, pourvu qu'ils soient bénis.

3. Porter des armes ostensiblement. Si le combattant a peur de ce que les autres penseront s'il est vu avec une Sainte Bible ou un Rosaire dans les mains, malheureusement ce combattant n'est pas encore prêt.

4. Suivre les lois et coutumes de la guerre, c'est-à-dire connaître et suivre les commandements de la loi de Dieu, dûment expliqués par Jésus-Christ lors du sermon sur la montagne (Matthieu 5, 6 et 7), en plus du catéchisme du l'Église et les Règles de Vie de votre ministère ou Communauté de Vie.

Des doutes, guerrier ? Alors, maintenant pour les dettes. Vous avez reçu la grâce de Dieu dans votre vie tant de fois, la juste rétribution est de faire du bien aux autres, d'aider à sauver les gens, de contribuer à Son œuvre. "Courage, j'ai vaincu le monde". Combattez aux côtés de qui a déjà gagné et continuera à gagner la bataille !!

POSTFACE - CAMP DE L'ARMURE DU CHRÉTIEN

Tout cela est bien beau en théorie, mais comment le mettre en pratique ? Comment former concrètement des hommes de bonne volonté à devenir des combattants spirituels ? La lecture de ce livre est un bon début, mais la vie de prière d'un guerrier de Dieu peut être grandement affinée par une rencontre personnelle avec Dieu, à travers une retraite qui met en pratique tout ce qui y a été enseigné.

Une vie de prière est comparable à un entraînement au combat : elle doit être dans le sang de chacun, car c'est précisément dans les moments critiques, dans les tribulations de la vie, que la prière sera la plus nécessaire.

Cependant, sachez que les mers calmes ne font pas de bons marins. Personne ne pourra se forger une identité de soldat du Christ s'il est protégé par la climatisation, en savourant des croissants et des expressos et en publiant des textes et des vidéos de motivation sur les réseaux sociaux.

« La discipline militaire utile ne s'apprend pas, Monsieur, en fantasmant, en rêvant, en imaginant ou en étudiant ; mais en voyant, en faisant et en combattant », écrivait Luís de Camões au roi Dom Sebastião. En bref, le combat s'apprend en combattant, que ce soit à vélo ou en ligne droite.

Pour mettre toutes ces idées en pratique, la Communauté Familiale Sainte de Goiânia/GO organise depuis 2019 une retraite spirituelle avec activités physiques, appelée « Campo da Armadura do Cristão » (bien que tout le monde l'appelle CAC). Elle est rythmée par la prière, l'onction du Saint-Esprit et des épreuves basées sur chacune des pièces de l'armure décrites par saint Paul dans Éphésiens 6.

Comme pour toute retraite, il est essentiel que le participant y participe avec un cœur ouvert, sinon Dieu ne trouvera pas l'espace pour agir. Au CAC, c'est la même chose : il est inutile d'arriver le jour J avec la peur de ce qui va arriver ou, pire encore, de vouloir rivaliser et gagner contre les autres. C'est précisément ce que souhaite votre pire adversaire : vous décourager par la peur ou vous enivrer en rabaissant les autres.

Vous pourriez être déçu(e) par ma décision, mais je ne peux pas vous expliquer en détail le déroulement de la retraite du CAC. Autrement, vous qui n'y avez pas encore participé serez désavantagé(e) et vous ne bénéficierez pas de l'effet de surprise. Je peux vous donner quelques conseils pour bien participer à toutes les activités.

La retraite du CAC est réservée aux hommes, confirmés ou en voie de recevoir cet important sacrement. La confirmation est le signe indélébile du Soldat du Christ, selon saint Pie X. Les femmes ont aussi leurs retraites ; elles n'ont rien de personnel. Mais pour former des hommes saints, nous devons être exclusivement parmi les hommes.

Le proverbe « Comme le fer aiguise le fer, ainsi l'homme aiguise son semblable » (Proverbes 27, 17) signifie que, de même que le fer devient plus aiguisé lorsqu'il est frotté contre le fer, l'homme se perfectionne et se fortifie par l'interaction avec les autres. La rouille de l'âme peut nécessiter une friction plus intense pour être nettoyée, et le contact avec la nature, la Parole de Dieu et le témoignage de ses collègues y parviendront.

Premièrement, faites une bonne confession et préparez bien votre âme (éventuellement, si vous mourez pendant la retraite, vos péchés mortels ne vous mèneront pas à la damnation éternelle, s'ils sont bien confessés...). Blague à part, le Saint-Esprit agit plus facilement sur une âme contrite, et vous pourrez ressentir les mouvements de la Troisième Personne de la Trinité avec une grande précision, un fait que seuls ceux qui sont en état de grâce sont capables de percevoir.

Deuxièmement, sachez que les activités physiques du CAC impliquent divers efforts physiques, tels que de longues marches, de courtes marches avec charge, des techniques verticales, de l'orientation avec des cartes topographiques, des progressions de jour comme de nuit, du tir réflexe en milieu confiné, le tout avec une bonne dose de rusticité, comme tout camp digne de ce nom.

Mais cela n'empêche personne de passer le CAC, puisque tous les tests peuvent être adaptés en fonction de la réalité physiologique de l'étudiant. Mais je peux garantir que les personnes obèses, partiellement paralysées, partiellement aveugles, diabétiques, cardiaques, souffrant d'ulcères, d'hémophilie, d'arthrite, d'épilepsie et d'autres pathologies similaires ont pu participer à toutes les activités.

Nul besoin d'être un athlète pour participer à la retraite, mais si cette peur vous hante, il est temps de prendre soin de vous, en adoptant une alimentation équilibrée, une activité physique et de bonnes habitudes de santé physique et mentale. Comment peut-on espérer être un père de famille si l'on est englué dans des addictions ?

À emporter à la retraite du CAC (équipement individuel) : vêtements fermés (manches longues et pantalon), baskets ou bottes de combat, short thermique ou maillot de bain (pour éviter les irritations), chapelet, Bible, bouteille d'eau ou similaire, couverts, lampe de poche, allumettes, kit d'hygiène (papier toilette, lingettes humides, poudre pour les pieds, savon, shampoing, rasoir, peigne, pince à épiler, tongs, serviette), 2 ou 3 paires de chaussettes de rechange, vêtements de rechange complets, insectifuge, crème solaire, trousse de premiers soins (pansement, gaze, antiseptique, anti-inflammatoire, analgésique, poudre de remplacement d'électrolytes). Mettre le tout dans un sac étanche et qui rentre dans un sac à dos. Emportez également un sac de couchage et/ou une couverture thermique, à l'intérieur d'un sac plastique. Les vêtements mouillés feront frissonner votre chien.

N'emportez ni tente, ni nourriture, ni armes (à feu ou couteaux) à la retraite ; inutiles, elles ne feront que vous gêner et prendre de la place. Téléphones portables, clés de voiture et appareils électroniques seront conservés en lieu sûr et restitués à la fin. Prévenez votre famille que vous ne serez pas disponible pendant la retraite.

Enfin, d'après ce que je peux vous dire sans vous révéler les détails du CAC, vous recevrez une croix en bois de 50 cm x 30 cm. Portez cette croix avec dévotion, elle symbolise la plus grande preuve d'un Dieu d'amour venu au monde pour mourir pour notre salut.

C'était pour moi. C'était pour vous. Faites en sorte que cela en vaille la peine.

BAMBOU !!!

###

Mes sincères remerciements pour avoir lu ce livre. J'espère des commentaires et des critiques à rogeriocietto@gmail.com

Lire aussi :
En Combattant le bon combat – Comment lutter le terrorisme avec une mission de paix[1]
Ecomaison – Une approche holistique sur la vie soutenable[2]
Le Lion et le Dragon - un conte FICTIONNEL sur l'économie et la politique[3]
J'ai le regret de vous informer que je n'ai aucun profil sur Facebook, Twitter ou tout autre média social.
Que Dieu te bénisse.

---

1. https://www.smashwords.com/books/view/373740

2. https://www.smashwords.com/books/view/1118871

3. https://www.smashwords.com/books/view/1161422